**HAYMON** verlag

Ksenia Konrad

# Alles außer fern

*Wie ich mich (fast unfallfrei) integriert habe –*
*und die anderen auch*

Gefördert von

Gedruckt mit freundlicher Unterstützung durch die Abteilung
Kultur des Amtes der Tiroler Landesregierung.

Auflage:
4      3      2      1
2022  2021  2020  2019

**ISBN 978-3-7099-3482-1**

Buchinnengestaltung nach Entwürfen von himmel. Studio für
Design und Kommunikation, Innsbruck / Scheffau –
www.himmel.co.at
Umschlag: Eisele Grafik · Design, München unter Verwendung von
shutterstock.com / Shtefan Yelizaveta
Illustration Autorin rechts unten: Ruth Veres unter Verwendung
eines Fotos von Haymon Verlag / Fotowerk Aichner
Satz: Da-TeX Gerd Blumenstein, Leipzig

Gedruckt auf umweltfreundlichem,
chlor- und säurefrei gebleichtem Papier.

## Vorwort

Die Geschichten, die ich Ihnen in diesem Buch erzähle, sind so oder so ähnlich passiert. Es gibt die Ortschaft, in der die Handlung spielt, es gibt die Menschen verschiedenen Alters aus verschiedenen Kulturen, die auf verschiedenen Lernstufen Deutsch lernen. Jeder von ihnen war und ist einzigartig und hat seine eigene Geschichte. Es gibt den Kursraum und die vier Jahreszeiten, in denen – wiederum ganz unabhängig von der tatsächlichen Jahreszeit – dieser Raum mit Sommerfieber, Frühlingsgefühlen, Winterfrische, Grippe, Herbstmelancholie und Weihnachtszauber gefüllt ist. Und es gibt die Trainerin, die diese Menschen auf ihrem Lernweg begleitet und sich selbst neu kennenlernt. Alte Denkmuster, Vorschriften, Anforderungen, Vorurteile, Erwartungen, kulturelle Unterschiede – all das trifft im multikulturellen Kontext aufeinander, und jede Begegnung bringt die Trainerin auf neue Gedanken, die in ihr große Gefühle hervorrufen: Gefühle der Dankbarkeit und der Akzeptanz.

Diese Gefühle helfen der Deutschtrainerin dabei, mit sich selbst die Rollen zu tauschen, und verwandeln sie von der Besserwisserin und Allesplanerin in die Schülerin und Beobachterin, die nicht nur ihre eigene laute Stimme, sondern auch die Stimmen der anderen hört und sie lauter sein lässt als die ihre.

Sie merkt mit der Zeit, dass alle Kurven, Umleitungen, Baustellen und langen Wartezeiten eigentlich keine großen Störungen sind und alles sich nur zum

Besten entwickelt. Sie wird mit anderen Mentalitäten konfrontiert und hinterfragt ihre eigene. Sie hilft anderen, ihre Ängste zu überwinden, und lernt, ihre eigenen zu bewältigen. Sie motiviert und lässt sich selbst inspirieren. Sie bringt den Kursteilnehmern[*] die neue Sprache und die neue Kultur bei und lernt ihrerseits neue Kulturen kennen. Sie gibt Hoffnung und bekommt selbst Schmetterlinge im Bauch. Sie bewegt die anderen, etwas Neues zu entdecken, und löst sich selbst von ihren klischeehaften Vorstellungen.

Und je mehr sie herausgefordert wird, desto gelassener wird sie und umso mehr glaubt sie an Wunder – nicht nur zu Weihnachten. Sie geschehen tatsächlich, unabhängig von der Jahreszeit, sehr individuell und dort, wo man ihnen offen gegenübersteht.

---

[*] Aus Gründen der leichteren Lesbarkeit wird im vorliegenden Buch die männliche Form bei Substantiven und Pronomen verwendet, die sich sowohl auf männliche als auch auf weibliche Personen beziehen. Dies soll keine Benachteiligung des weiblichen Geschlechts implizieren, sondern im Sinne der sprachlichen Vereinfachung als geschlechtsneutral zu verstehen sein.

## Bügeln

Alles ist eine Sache der Einstellung und der Perspektive – Bügeln zum Beispiel. Es steht im Wörterbuch für „das Glätten von Textilien mittels Hitze" und ist mit Abstand die unbeliebteste Haushaltsbeschäftigung. Zumindest für alle, die ich kenne – bis auf mich. Es geht dabei nicht nur um den ordentlichen Look im Beruf oder in der Freizeit, obwohl das für mich lange Zeit der einzige Grund fürs Bügeln war. Eines Tages entdeckte ich einen neuen Sinn darin.

Bügeln hat große Vorteile für das Familienleben: Es ist eine sinnvolle Tätigkeit mit einem sichtbaren Ergebnis, das etwas länger als das lecker zubereitete Essen oder der frisch gewischte Boden hält. Beim Bügeln werden die Fasern der Textilien plattgedrückt und so verfangen sich in ihnen deutlich weniger Schmutz und Staub, auch die gefährlichen Keime werden abgetötet. Darum sehe ich das Bügeln als eine große Mission und Sicherheits- und Schutzmaßnahme für das Wohlbefinden der Familie. Diese Rettungsaktion wird von allen Familienmitgliedern akzeptiert und toleriert, egal wie lange es dauert, und als Belohnung bekomme ich kostbare Zeit für mich. Bügeln bietet eine Möglichkeit, sich zurückzuziehen, besonders wenn man in einem separaten Raum bügelt.

Bügeln ist das Glätten nicht nur von Textilien, sondern auch von Beziehungen, von Konflikten – vor allem von denen mit sich selbst. Ich nehme das Bügeleisen zur Hand und entspanne mich fast auf Knopfdruck.

Die Manschetten, Taschen, Kragen, Knopfleisten bügle ich von beiden Seiten: zuerst von links, dann von rechts, wieder von rechts und dann von links. Ich konzentriere mich auf meine Gedanken, führe ein spannendes Selbstgespräch, ich darf mich dabei ärgern und mich selbst loben. Die monotonen Bewegungen kombiniert mit der richtigen Atemtechnik wirken fast wie eine Meditation. Darum nehme ich jede Bügelmöglichkeit dankbar an, weil Bügeln für mich „Wellness für die Seele" ist. Je größer die Wäscheberge, umso mehr Wellness.

Alles ist eine Sache der Einstellung und der Perspektive. Die Sprache ist ein Zeichensystem, ein Code für ein Programm. Wenn man eine Fremdsprache lernt, dann bekommt man einen neuen Code und kann ein neues Programm starten. Ab diesem Moment hat man mehrere Sichtweisen zur Verfügung, um die Realität zu betrachten. Es entwickelt und öffnet sich eine andere Perspektive, die einen voranbringen kann. Man muss sie nur sehen können – wie beim Bügeln. Oder kann man sie sehen lernen, zum Beispiel im Deutschtraining?

## Das Bühnenbild

Europa ist auf der Weltkarte leicht zu finden. Österreich liegt in Europa. Tirol liegt in Österreich. Dort, im Tiroler Außerfern, befindet sich unsere Ortschaft, eine Marktgemeinde mit fast 7.000 Einwohnern. Sie liegt an der Via Claudia Augusta, einer der wichtigsten alten Römerstraßen. Das Tiroler Außerfern liegt hinter dem Fernpass, der vor über 4.000 Jahren durch einen Bergsturz entstand – wofür ich Mutter Natur sehr dankbar bin. Über den Fernpass verläuft eine viel befahrene Straße, die unsere Ortschaft durch den Lermooser Tunnel mit Nassereith und Tarrenz verbindet, und sozusagen mit der Welt.

Dafür, dass es überhaupt eine Verbindung zur Außenwelt gibt, bin ich den Römern sehr verbunden. Ich bedanke mich auch beim Straßendienst und bei allen Straßenbaufirmen, die sich darum kümmern, dass jeder zu uns und wir zu jedem finden. Ohne die Kraft der mächtigen Natur und die Bemühungen der Römer sowie den Einsatz vieler Bauarbeiter hätte ich diese Ortschaft wahrscheinlich nie entdeckt – und die Ortschaft mich nie kennengelernt. Hoffentlich ist Letzteres genauso angenehm für die Ortschaft wie Ersteres für mich.

Wer sich über den Fernpass traut, verdient sich das Glück, die traumhafte Natur zu genießen, die alte Burgruine Ehrenberg zu erblicken und sich mit einem atemberaubenden Panorama auf einer der der längsten Fußgängerhängebrücke der Welt zu belohnen.

In diesem Naturparadies haben wir uns getroffen, meine Kursteilnehmer und ich. Wir alle mit unterschiedlichen Mentalitäten, Kulturen und Sprachen, aber mit einem gemeinsamen Ziel: eine Brücke zueinander zu bauen, die vielleicht nicht so spektakulär sein mag wie die Highline, dafür aber in ein neues und erfülltes Leben führt.

## Willkommen im Trainingslager

Ermüdet lächelnd und angespannt locker sitzen diese mir noch komplett fremden Menschen im Kurs, die es innerhalb von ein paar Monaten schaffen werden, mir ans Herz zu wachsen. Sie versuchen meine Frage, wie es ihnen geht, mit einem neutralen „Es geht uns gut, danke" zu beantworten. Manche schauen mich skeptisch an, andere ganz fröhlich. Skeptisch, weil sie vielleicht eine strenge, zugeknöpfte Klassendame mit einer altmodischen Steckfrisur und einer Professorenbrille erwartet haben. Fröhlich, weil sie jemanden als „Lehrerin" bekommen haben, der in ihrem Alter ist, vielleicht ein bisschen jünger oder ein bisschen älter, aber auf jeden Fall nicht aus der Epoche der Minnesänger. Ja, und die ersten Flirtversuche lassen nicht lange auf sich warten: „Komme ich mit meinem Charme durch oder muss ich mein Gehirn doch anstrengen?"

Es dauert noch, bis aus einem Klassenzimmer in ihrer Vorstellung ein Diskussionsraum nach meiner Vorstellung entsteht und aus mir, der „Lehrerin", eine Trainerin wird und – was mir viel wichtiger wäre – eine Begleiterin, die jeden auf sein Podest führt, an die Stelle, die er sich wünscht – oder sich unter meiner Kontrolle bald wünschen wird.

Ein Marathon ist für die meisten Läufer die größte Herausforderung. Der Deutschmarathon ist eine Challenge für die meisten Lernenden und Lehrenden. Wie beim Marathonlauf braucht man einen guten Trainingsplan. Lassen wir den Deutschmarathon beginnen!

## Lehrerin oder Trainerin?
## Oder: Was mache ich hier überhaupt?

„Frau Lehrerin! Frau Lehrerin, darf ich was fragen?", hebt die jüngste Kursteilnehmerin aus Syrien eifrig die Hand, wie sie es brav in der Schule gelernt hat.

„Wenn du dich melden möchtest, musst du aufzeigen", hat mich meine achtjährige Tochter zu Hause aufgeklärt. Diese Fertigkeit ist bei ihr schon so gut antrainiert, dass sie auch beim Mittagessen aufzeigt, wenn sie etwas sagen möchte, und sie gibt mir Bescheid, ob sie schon satt ist oder nur kurz aufs Klo geht. Manchmal erklärt sie es mir ausführlich mit der genauen Angabe der Zielrichtung, des Zeitraums und des vorhersehbaren Ergebnisses.

Dieses „Frau Lehrerin" bringt mittlerweile die ganze Gruppe zum Lachen und es wird immer wieder zum Spaß gesagt oder um zu prüfen, wie ich diesmal darauf reagiere. Auf die Kleine, die mit ihrer fast gleichaltrigen Schwester ausnahmsweise in einer erwachsenen Gruppe Deutsch lernt, bin ich nicht sauer. Im Gegenteil, ich bin stolz darauf, wie sie sich durchsetzt und wie zielstrebig sie ist. Nur ist sie jetzt nicht in der Schule, sondern im Kurs – und zwar im Training.

Hier ist einiges erklärungsbedürftig: „Unterricht" wird im Allgemeinen ja als Vorgang zur Aneignung von Wissen und zum Erlernen von Fertigkeiten verstanden. Meist findet dieser Vorgang unter Beteiligung von

Lehrenden und Lernenden und in einer bestimmten Institution, zum Beispiel einer Schule, statt.

Lehren und belehren wollte ich nie, weil ich selbst immer noch belehrt werde. Der Lernprozess ist und war für mich wie Integration, das heißt: Auch ich muss etwas Neues lernen und nicht bloß mein Wissen vermitteln. Ich will mich entwickeln, mich verändern, nur so kann ich mir auch von den anderen positive Veränderungen erhoffen.

Wie setze ich das in meinem Sprachunterricht um? Ich mache ihn zum Sprachtraining!

Der Begriff „Training" steht für Prozesse, die eine verändernde Entwicklung hervorrufen. „Trainingseffekte" werden durch die Verarbeitung von Reizen hervorgerufen. Mein Kurs besteht also aus einer Folge von Unterrichts- bzw. Trainingseinheiten. Jedes Training ist auch ein Workshop. Nicht nur das Lernen, sondern auch das persönliche und das berufliche Vorwärtskommen stehen im Vordergrund. In der Praxis schaut das ganz grob so aus: Es werden Fragen gestellt, gemeinsam Antworten gesucht und Lösungen erarbeitet. Beim Training steht das eigene Tun im Zentrum, und genau das möchte ich fördern.

Deshalb bin ich eine „Trainerin" und gestalte ein „Training" im Kurs. Sollte man mich schon mit „Frau XXX" ansprechen, dann bitte mit „Frau Trainerin". Wobei mir mein Vorname viel lieber ist.

## Anna und Martha baden

„Anna und Martha baden." – Das war der erste deutsche Satz in meinem Leben. Ich habe ihn von meiner Oma gehört. Zwar kann ich mich nicht mehr erinnern, in welchem Zusammenhang, aber ich weiß noch ganz genau, dass Anna und Martha gebadet haben.

Meine Oma studierte Deutsch und Russisch an der Universität in Pensa und war im vierten Semester, als der Zweite Weltkrieg ausbrach. Ich kann mir bildhaft vorstellen, wie sie in einem kalten Hörsaal im Seminar sitzt und den vorgetragenen Lernstoff mit gefrierender Tinte auf ein Stück Zeitungspapier kritzelt. Sie hat es mir nie in Einzelheiten erzählt, aber komischerweise stellte ich mir genau dieses Bild immer dann vor, wenn ich keinen Bock hatte, irgendwas zu lernen, oder mit mir selbst Mitleid hatte, wenn mir etwas zu schwierig und anstrengend vorkam. Später erweiterten Falco mein Vokabular und Rammstein meine Kenntnisse über Zeitformen, und die bezaubernde Deutschlehrerin im Gymnasium bewegte mich zum Germanistikstudium. Die Bekanntschaft mit der deutschen Sprache begann aber im Nominativ.

Schon von Geburt an, wenn ein Mädchen, ein Junge oder eine Deutschtrainerin zum ersten Mal die Welt erblickt, begrüßt die Welt sie im Nominativ. *Die Blume* ist schön. *Die Sonne* scheint. *Das Auto* fährt. *Das Baby* ist da. Ein neues Leben ist da, und da sind auch *die Schmerzen, die Tränen, die Verwandten, die Sorgen,* aber am wichtigsten *die Eltern, die Freude, das Glück, die Hoffnung, die Entwicklung* und nicht zuletzt *der Deutsch- und Integrationskurs.*

**Info für die Muttersprachler:**
Der Nominativ ist in der Grammatik die Bezeichnung für einen Kasus (Fall), der vor allem zur Kennzeichnung des Subjekts im Satz dient, für den es aber auch typisch ist, dass er in freier Verwendung eines Substantivs auftreten kann, im Deutschen zum Beispiel in der Anrede. Der Nominativ wird dann auch als „Grundform" eines Substantivs gebraucht.

Jedes neue Leben auf der Welt beginnt mit dem Nominativ. In der „deutschen" Welt noch dazu mit dem bestimmten Artikel, sonst wäre das Leben zu einfach. Also für männliche Substantive mit *der* (*der* Mann, *der* Junge), für weibliche mit *die* (*die* Frau, *die* Oma) und im Neutrum mit *das* (*das* Baby, *das* Mädchen). Womit das Wort „Mädchen" den bestimmten Artikel „das" verdient hat, ist das Erste, was manche Lernenden total verunsichert.

Das bedeutet dann, man ist ziemlich sicher, dass aus einem Baby (*das* Baby) ein Junge (*der* Junge) und irgendwann ein Mann (*der* Mann) wird. Bei einem Baby weiblichen Geschlechts ist es aber noch ziemlich fragwürdig, ob aus einem Mädchen (*das* Mädchen) tatsächlich eine Frau (*die* Frau) wird. Das ist die erste schockierende Nachricht für männliche und weibliche

Teilnehmende in einem gendergerechten Kurs, in einem Anfängerkurs der Lernstufe A1.1.[**]

Selbst der romantische Titel unseres Lern- und Arbeitsbuches steht im Nominativ: *Lagune.* Der Name vermittelt Ruhe und Entspannung. Das passende Titelbild bezaubert mit einer schimmernden, türkisblauen Meeresoberfläche, friedlich und erfrischend. Es erinnert mich an die vielversprechenden Bilder von Hotelzimmern und die traumhaften Aufnahmen in Urlaubskatalogen – sie wirken hypnotisch und locken uns an, bis man – nach Stunden in überfüllten Shuttlebussen – tatsächlich das Paradies erreicht hat.

Der schöne Schein trügt auch im Lehrbuch, schon auf Seite 3 zwingt gleich die erste Aufgabe jeden zur Ordnung: *Ordnen Sie das Gespräch, Kreuzen Sie an, Ergänzen Sie.* Und so taucht man ins Meer der deutschen Sprache ein, in stiller Hoffnung, irgendwann wieder lebendig aufzutauchen.

Ziel der Lernstufe A1.1 ist es unter anderem, sich im Wirrwarr der deutschen Artikel zurechtzufinden. In der Übung im Lehrbuch stehen alle Nomina im Nominativ: *das* Telefon, *der* Geldautomat, *der* Bus, *das* Taxi, *die* Bank. Auch die Fragen: *Wie heißen Sie? Woher kommen Sie? Wie alt sind Sie?* Wir lernen Buchstaben

---

[**] Diese Einteilung beruht auf dem Gemeinsamen Europäischen Referenzrahmen für Sprachen, der bei der Einschätzung des Sprachniveaus helfen soll und grundsätzlich in sechs Stufen gegliedert ist: Unter A1 und A2 fällt die elementare Sprachanwendung, unter B1 und B2 die selbstständige und unter C1 und C2 die kompetente Sprachanwendung. Sprachkurse werden oftmals genauer unterteilt, z. B. in A1.1 und A1.2 usw.

und Zahlen und wie man Menschen und Dinge kurz beschreibt und Menschen begrüßt.

Den Herren im Kurs scheint es wirklich Spaß zu machen, Buchstaben und Zahlen zu nennen, wenn es um Autonummern geht, da kann man gleich einen VW mit einem Audi vergleichen. Bei den Damen sind Telefonnummern ein Renner, und je näher sie neben einem netten Nachbarn sitzen, desto lauter, deutlicher und inspirierender klingen sie. Alles, was mit positiven Anreizen gelernt wird, wird nachhaltig gelernt. Hören funktioniert normalerweise besser als Schreiben. Man hört die Welt um sich herum, auch wenn man manchmal nicht genau hinhört, hört man es trotzdem, die Geräusche werden vom Gehirn wie mit einem Spinnennetz aufgefangen. Es ist aber eine andere Sache, wenn man diese Töne und Klänge den Buchstaben zuordnen und sie in Form eines Wortes und einer Reihe von Wörtern aufs Papier übertragen muss, also sie zu schreiben. Ob Ansichtskarten, kurze Briefe oder E-Mails – es wird wöchentlich geschrieben. Die E-Mails stürmen meine Mailbox wie die Nachbarn aus dem Ostallgäu unsere Supermärkte am Tag der Deutschen Einheit und wie wir die ihren an unserem Nationalfeiertag. Die günstige geografische Lage unserer Ortschaft verhindert das Verhungern und Verdursten der benachbarten Orte an den traditionell unerwarteten Feiertagen.

Meine Gewohnheit, das Handy am Wochenende mehrmals zu checken, erschwert den Teilnehmenden ihre kurzen Erholungspausen: Kaum haben sie ein bisschen Luft geschnappt und die Einkäufe erledigt,

schon kriegen sie meine Rückmeldung und liebe Grüße. Alles wird aufmerksam gelesen, bearbeitet, Fehler
werden unterstrichen und mit Farbe markiert, damit
sie ihre Schwachstellen schneller erkennen und die
Fehler ausbessern können. In einem persönlich adres-
sierten Absatz findet jeder meine Empfehlungen und
Anmerkungen.

„Liebe ..., Hier ist M. auf Europa-Reise. Heute bin
ich in Wien (München, Rom, Innsbruck usw.)", so
beginnen die Urlaubsgrüße. Urlaub und Freizeit sind
ganz tolle Gesprächsthemen, finde ich und hoffe, mit
ihrer Hilfe die Atmosphäre aufzulockern, so gut es
geht, aber so richtig gut, wie ich mir das vorstelle, geht
es dann doch nicht, weil es eben nicht nur um Hobbys und Interessen geht: Die neuen Verben und deren
Konjugation bilden einen weiteren Schwerpunkt.

Die weiblichen Kursteilnehmer führen die Gespräche, bei denen es um sie geht, meistens mit Gefühl,
darum wird jede zuerst persönlich gefragt, was sie
gern in der Freizeit macht. Und es funktioniert: mit
den Kindern spielen, shoppen, kochen. Die Männer
im Kurs schauen sich gegenseitig kurz an, nicken einander zu, als würde der mentale Meinungsaustausch
durch den Blickkontakt auf einer besonderen Ebene
stattfinden, und einigen sich gleich nach den ersten
zwei Minuten, dass sie alle ohne Ausnahme Fußball
mögen. Jeder klingt so überzeugt, dass ich selbst fast
bereit wäre, aus innigstem Verständnis und Solidarität einem Fußballklub beizutreten. Weiter versteinern
die Männer beim Gespräch, wenn es um Lesen und

Museen geht. Fußball und Spazieren sind eindeutig auf Platz 1 in der Hitparade der außergewöhnlichen Hobbys, gefolgt von Kochen. Der Wortschatz im Lehrbuch bietet uns aber viel mehr, zum Beispiel Segeln, Tauchen, Surfen. Ausgesprochen schöne und vor allem zu unserem Wohngebiet, den Tiroler Alpen, passende Freizeitangebote.

Ein sanfter Übergang von diesen Vokabeln zur Realität gelingt mir nicht so ganz, als mir Sido plötzlich zu Hilfe kommt: „Gitarre! Ich spiele nicht Fußball. Ich spiele Gitarre."

Er löst damit einen Ausruf der Verwunderung und Begeisterung aus: „Stricken. Ich stricke gern am Wochenende!", schreit Tina.

„Ich male in der Freizeit. Ich kann nicht gut malen, aber ich male gern", verrät uns Kilu.

„Und du, was machst du gern, Kecheli?", frage ich.

„Ich spiele Klavier", flüstert er verlegen. Später werde ich erfahren, dass sein Vater ihm das Klavierspielen beigebracht hat. Kecheli ist nie in die Musikschule gegangen.

„Toll! Schöne, interessante Hobbys. Vielleicht gibt es noch andere Hobbys, ein Hobby, das ihr alle habt?"

„Kochen. Ich koche gern. Nein, Entschuldigung, ich backe zu Hause. Kuchen", teilt uns Mira fröhlich mit.

„Grammatik lernen! Natürlich!", rutscht es Sakim raus.

Die Gruppe bricht in schallendes Gelächter aus – und ich auch. Wenn man gemeinsam lachen kann, dann kann man auch zusammenarbeiten.

Im nächsten Unterricht werden kleine, selbstgebackene Muffins in Begleitung der Gitarrentöne verteilt und die großen Kinder stopfen sie sich energisch rein.

„Mit vollem Mund lassen sich die Verben einfacher konjugieren", stelle ich fest.

## Versteckte Message per Messenger

„Stell das Verb ans Ende des Satzes, sofort!", schreie ich mein Smartphone an.

Meine Freundin, bei der ich gerade einen Termin für meine Nägel habe, und bei dem ich mich eigentlich entspannen und auf das baldige schöne Ergebnis freuen sollte, schaut mich ängstlich an. In ihrem Gesicht kann man ablesen, dass sie selber nicht mehr sicher ist, wohin das verdammte Verb gehört. Ihren Lippenbewegungen nach ist es schwer zu verstehen, ob sie jetzt grade mitlernt oder für alle betet, die an diesem Kreuzzug „Deutschkurs A1.2" teilnehmen.

Mein Messenger glüht und kocht vor übermenschlichen Anstrengungen. Per E-Mail bin ich heute schwer erreichbar, darum Messenger.

Ich verwende neue soziale Medien und Messengerdienste gerne, um mit meinen Kursteilnehmern zu kommunizieren. Man kann damit auf entspannte Art die Sprache üben, auch ohne sich im Kurs zu sehen oder sich gegenseitig motivierende Sprüche schicken. So wandert die Sprache aus den Lehrbüchern ins alltägliche Leben. Und sie motiviert die Schüler: Rechtschreib- und Grammatikfehler werden nämlich sofort von den anderen Kursteilnehmern mit Emojis in Form von bösen Teufelsgesichtern oder angezündeten Bomben quittiert.

„Du solltest das lieber lassen, mit dem Messenger, WhatsApp, E-Mails. Jetzt ist schließlich deine Freizeit und die bezahlte Lernzeit ist im Kurs", zischt meine

Nagelfee mit starrem Blick und holt mich aus meinen Gedanken zurück.

Ja, sie hat recht. Heute ist Sonntag, ich muss abschalten. Wir haben geregelte Kurszeiten und das hier ist schon Privatunterricht, Computer-based learning – oder besser gesagt „Handy- based drilling".

Ive ist nicht nur ein Profi in ihrem Bereich, sie ist eine leidenschaftliche Designerin, die die Welt in vielfältigen Formen, Farben, Schattierungen und im UV-Licht sieht. Nägel sind für sie eine Leinwand. Sie feilt und poliert mir die Fingernägel, trägt wie eine Künstlerin mit dem Pinsel das Gel auf und bringt nicht nur die Nägel, sondern auch meine Seele und Psyche in Form. Sie sitzt vor mir, ich vor ihr und Kecheli sitzt jetzt bei schönem Wetter am Sonntag zu Hause und übt diese Sätze. Es ist schon das dritte Mal, dass er die Sätze umschreibt und mir zur Kontrolle schickt. Er will das lernen, er will das begreifen – und das beweist er mir schon seit Freitagabend.

Ja, die Trainerin ist da, um diesen Lerndrang und diese Beharrlichkeit zu unterstützen, im Kampf an seiner Seite zu stehen, an ihn zu glauben, ihn dazu zu bringen, diesen Willen zu entwickeln. Darum antworte ich weiter, darum darf er eine Stunde früher kommen, und ich werde ihm das, war er nicht verstanden hat, noch einmal extra erklären. Ich werde aber auch ein Gespräch über sein Leben führen, seine Ängste und Unsicherheiten, und er wird sich sogar bei mir über mich selbst beschweren.

Und nach diesem Einanderschreiben am Wochenende und dieser Extratrainingsstunde werden wir uns besser verstehen: Ich werde das hören, was ein Kursteilnehmer einer Trainerin nie vor der Gruppe sagen würde – zum Teil aus Mangel an Deutschkenntnissen, zum Teil aus Angst, ausgelacht zu werden –, und er wird hören, was die Trainerin davor wahrscheinlich selten gesagt hat – zum Teil aus Zeitmangel, zum Teil aus Angst, nicht ernst genommen zu werden, oder aus Unsicherheit, nicht überzeugend genug rüberzukommen. Jetzt ist die perfekte Gelegenheit für ihn zu erfahren, wie stolz ich auf ihn bin und wie fest ich daran glaube, dass er diese Lernstufe und viele weitere schaffen wird. Jetzt weiß ich das und er weiß das auch.

Von nun an schweigt Kecheli nicht mehr auf Deutsch, sondern er stellt und beantwortet Fragen und lächelt mich an.

„Deutsch macht stark!", das sage ich immer, und die Art und Weise, wie man diese Sprache spricht, und welche Message dahintersteckt, macht die Sprache menschlich.

## Die Wortfolge. Oder: das McDonald's-Schild

Es ist eine wichtige Erkenntnis der Philosophie, dass unsere Wahrnehmung nicht objektiv ist. Mein Vater pflegt zu sagen: „Wir betrachten und bewerten die Welt immer durch die Brille eigener Erfahrungen." Auch ich sehe durch die Brille kulturell geprägter und historisch gewachsener Muster, die wiederum sehr eng mit der Sprache verbunden sind. Diese Brille und ihr Einfluss auf unsere Wahrnehmung sind uns selbst nicht bewusst. Bewusst werden sie uns – oder zumindest mir –, wenn wir zu den Kausal- oder Temporalsätzen kommen, zu allen Nebensätzen mit den Konnektoren, wie *wenn, weil, dass, obwohl* und so weiter.

Das ist ein weiteres Beispiel aus dem Training, an dem die Welt noch mal zusammenbricht oder untergeht – je nachdem, wo es unterrichtet wird, im Erdgeschoss oder im Keller.

„Halleluja!", singt ein iranischer Kursteilnehmer und die Gruppe klatscht dabei. Nach zwei Stunden hat Frau B. aus Kroatien das Verb in einem Kausalnebensatz endlich ans Satzende verbannt. Sie hat es heute überstanden und ich habe überlebt und die ganze Gruppe jubelt.

„Du schuldest mir einen Aperol und eine Kur", denke ich laut.

„Sogar zwei!", lacht sie zufrieden mit.

Mein Kopf kocht und die Gesichtsmuskeln können sich immer noch nicht entspannen, aber der strahlende Blick der Kursteilnehmerin bricht das Eis zwischen uns und der Wortfolge in einem Kausalsatz.

**Info für die Muttersprachler:**
Ein Satz besteht aus Subjekt (Person oder Sache, die die Tätigkeit ausführt), Prädikat (konjugiertes Verb) und eventuell anderen Satzteilen. In einem Hauptsatz steht das Prädikat an zweiter Stelle.

Diesem Thema widmet man im Kurs normalerweise Stunden über Stunden, und zwar fast auf jeder Lernstufe. Verzweifelt wiederholt man die Regeln, macht die Übungen, versucht vergeblich, darauf beim Sprechen zu achten. Und immer wieder wandert das Verb von Platz zwei auf Platz drei, vier und wieder retour auf der Suche nach einem sicheren Ort, wo es sich endlich mal wie zu Hause fühlt. Bei den Kausalsätzen ist die Lage noch schlimmer.

**Info für die Muttersprachler:**
Kausalsätze geben einen Grund oder eine Ursache an. Die entsprechenden Fragewörter lauten: *Warum? Weshalb? Weswegen? Wieso? Aus welchem Grund?*

Ein kausaler Nebensatz wird mit der Konjunktion *weil* oder *da* eingeleitet. Die Konjunktion *weil* bezeichnet eine Ursache. Nach der Konjunktion folgt ein Nebensatz (das Subjekt plus andere Satzglieder und das Prädikat am Ende).

Wenn der *weil*-Satz als erster Satzteil kommt, muss der folgende Hauptsatz mit dem Prädikat anfangen. Objektsätze mit *dass* beginnen mit der Konjunktion *dass*. Nach der

Konjunktion folgt der Nebensatz (das Subjekt plus andere Satzteile und am Ende das Prädikat).

Am schlimmsten ist es mit einem Nebensatz: Man überlegt sich etwas Geniales und möchte die Idee endlich mal mit den anderen teilen, beginnt seine Aussage mit einem *weil, wenn, dass,* redet begeistert weiter – plötzlich ist der rote Faden weg und bis man zum Satzende kommt, hat sich das Verb schon längst verabschiedet. Dann muss man sich wieder ans Verb erinnern, und wenn es klappt, dann klappt es dafür mit dem Satz nicht mehr – denn leider ist die Idee schon wieder weg.

Der Satzaufbau ist „wie eine alte Landstraße bei der schlechten Witterung ohne Straßenschilder", beschwerte sich eine Kursteilnehmerin poetisch bei mir: Hat man die Orientierung verloren, spinnt das Navi, dann ist man komplett auf sich selbst gestellt und kann nur noch auf gutes Karma hoffen.

Da bei mir im Training fast alle den Führerschein besitzen, aber nicht alle ein Auto haben oder oft mit dem Auto fahren, berücksichtige ich beide Gruppen: die Autofahrer und die Fußgänger.

In so einem komplizierten Satz sollte es einen Orientierungspunkt geben, wie die Lichter einer Tankstelle oder von McDonalds, die man auch bei starkem Nebel am Ende der Fahrbahn erkennt. Es dauert noch eine Weile, bis man direkt vor dem Schild anhalten und eine kurze Pause machen kann, aber man hat sein

Ziel im Visier. „Sie haben Ihr Ziel erreicht", würde uns an dieser Stelle eine verführerische Navi-Stimme vorsingen.

Das Verb in so einem Nebensatz ist wie das leuchtende Supermarkt-Schild am Ende der Straße, wenn du spazierst, oder wie das ein bisschen mehr einladend leuchtende McDonalds's-Schild, wenn du hinter dem Lenkrad sitzt.

## Dativ und Akkusativ. Oder: Existenzielle Fragen

*Wo und wohin?* Mit diesen existenziellen Fragen be-schäftigen sich nicht nur Philosophen und große Den-ker, sondern auch Lernende in einem Deutschkurs. Ich bin fest davon überzeugt, dass unser Sein auf Erden den Zweck hat, die eine oder andere Lernerfahrung zu machen. Die Frage ist: Hat das Universum mit uns was vor? Und wenn ja, dann was? Um das herauszufinden, bekommen wir im Leben viele interessante Aufgaben.

Wer einmal schon die Fragen „Wer bin ich?" und „Was bin ich?" beantwortet hat, darf sich laut Lehrplan nicht zurücklehnen. Das Abenteuer beginnt nämlich erst im nächsten Kapitel: bei Dativ und Akkusativ. *Wo bin ich? Wohin gehe ich?*

Die Tatsache, dass jedes Nomen einen bestimmten Begleiter hat und es dafür keine logische Erklärung gibt, überrascht mittlerweile schon niemanden mehr im Kurs, aber die Nachricht, dass aus *der, die* und *das* etwas komplett anderes entstehen kann, kommt wie der Blitz aus heiterem Himmel. Das ist die Deklination der Substantive.

*Wo* bezeichne ich als Punkt, *wohin* als Pfeil oder als Wegweiser auf Wanderwegen. Diejenigen, für die es außer rechts und links noch weitere Richtungen gibt, wie zum Beispiel südlich, östlich oder nordwestlich, tun sich etwas leichter mit dem Akkusativ als die rest-lichen 99 Prozent der Gruppe.

Dass Umwege die Ortskenntnisse erweitern, ist das, was ich bei einem dreitägigen Ausflug mit meinen

Freundinnen in Mailand tatsächlich festgestellt habe. Fast sechs Stunden sind wir – ausgerüstet mit dem Screenshot einer Karte mit dem eingezeichneten Zielort, einer Disco – durch die Straßen geirrt und haben schlussendlich nicht nur das historische Stadtzentrum, sondern auch das nicht historische Gegenteil erkundet (Zu unserer großen Überraschung war die verzweifelt gesuchte Location nur einen Block von unserer Mietwohnung entfernt.). In dieser Situation habe ich mich an ein Kapitel aus einem Sprachlehrbuch für Anfänger erinnert, in dem man die Strukturen übt, die einem dabei helfen können, nach dem Weg zu fragen oder um Rat oder Hilfe zu bitten. *Entschuldigung, können Sie mir helfen?* nennt sich die Sprechübung. Diese Trainererfahrung wollte ich auch in einem gottverlassenen Viertel in Mailand gewinnbringend in die Praxis umsetzen und fragte eine nette Dame – verkleidet als Rotkäppchen mit zwei künstlichen blonden Zöpfen – unter der Straßenlaterne in einer dunklen Gasse nach dem Weg zur Disco.

Das kurze Gespräch verlief eher ohne Begeisterung und weniger informativ als erwartet: Die Dame war im Dienst auf der Straße und nicht bei mir im Kurs. „I don't know, Darling", sang das Rotkäppchen verführerisch und verschwand in der Dunkelheit.

Bei jedem Gespräch soll man auf die spezielle Situation achten, das stimmt schon. Andere Passanten hätten uns wahrscheinlich helfen können – wenn noch jemand außer uns um diese Uhrzeit durch die Straßen gelaufen wäre. Und wir hätten die Disco sicher gefunden, wenn die Schuhabsätze nicht so hoch gewesen wären und wir genügend Pflaster und Proviant dabeigehabt hätten.

*Wo?* oder *Wohin?* und Dativ und Akkusativ sind nicht nur grammatische Konstruktionen, sondern sie ermöglichen die Wahrnehmung des eigenen Körpers, wenn dem die „innere Karte" komplett fehlt. Nicht umsonst werden beide Fälle so lange geübt und nicht umsonst gibt es tausende Übungen und Arbeitsblätter dazu.

Alle Wege führen, wenn nicht nach Rom, dann zur Burg Ehrenberg. Sie ist die Ruine einer Höhenburg südlich von unserer Ortschaft und war früher die wichtigste Zollstation zwischen der nördlichen und südlichen Handelsroute. Heute können die Besucher dort eine Zeitreise ins Mittelalter machen. Besonders spektakulär sind die jährlichen Ritterspiele, die bei jeder Witterung im Juli stattfinden. Die Ritterturniere sind auf jeden Fall sehenswert und machen besonders viel Spaß, wenn man mit Regenstiefeln und Regenschirm ausgerüstet ist, denn ausgerechnet an diesen Tagen im Juli regnet es traditionell in Strömen.

Die Kultur begeistert und fasziniert, wenn man bereit ist, sich von ihr faszinieren zu lassen. Diese Bereitschaft kommt nicht von selbst, sondern sie wird anerzogen. Wenn sie nicht anerzogen wurde und nicht von Herzen kommt, dann wird sie in einem Integrationskurs antrainiert und kommt von einer Trainerin, die sich sehr dafür engagieren wird – ob man es will oder nicht. Ausflüge planen, etwas mit dem Gesprächspartner vorbereiten und aushandeln und dabei die eigene Meinung äußern – all das gehört zu den Lernthemen.

Da der Kursraum, meiner Meinung nach, zu wenig Spiel- und Freiraum bietet, wird die Handlung diesmal in historischer Kulisse unter freiem Himmel stattfinden. Der kulturelle und integrative Aspekt des Trainings ist die Begegnung mit Geschichte während einer gemütlichen Wanderung im sicheren Rahmen. Das Lernziel ist das praxisorientierte Üben von Dativ und Akkusativ und deren Bezug zur Realität. Im Training wird der Ausflug geplant: vom Treffpunkt und den Medikamenten, die man mitnehmen soll, bis zur Begeisterung, die man zum Schluss verspüren und aussagekräftig ausdrücken muss. Die Gruppe vereinbart eine Uhrzeit, legt die Route fest und packt die Rucksäcke ein. Die Antworten auf die Frage *Was nehme ich mit?* lassen keinen Zweifel, dass alle die Aufgabe ernst nehmen: eine Taschenlampe, Pflaster, einen Griller, ein T-Shirt, eine Sonnencreme sind einige der aufgezählten Gegenstände. „Und einen Kompass", scherzt jemand, was alle zum Lachen bringt. Witzig ist es wirklich, weil es bei uns in der Region sowieso nur drei Richtungen gibt: *ummi* (rüber), *aufi* (rauf) und *achi* (runter). Kompass und Karte sind schöne Vokabeln, die wir zwar lernen, aber nie gebrauchen.

Wir treffen uns also am Fuße des Bergs auf der Klause beim Salzstadl. Das Frühlingswetter spielt mit. Warme Sonnenstrahlen streichen zärtlich die Haut. Die Natur, die langsam aus dem Winterschlaf erwacht, begrüßt uns mit Aprilfrische, und der strahlend blaue Himmel gibt uns seinen Segen auf dem Weg zur Integration. Der Wanderweg ist fast schneefrei, nur an manchen schattigen Stellen erkennt man noch die letzten Spuren des Winters. Obwohl wir alle leicht angezogen sind, wird uns beim Raufsteigen richtig heiß, sodass wir alle unsere Jacken und Westen aufmachen. Alles läuft nach Plan: Bei jedem Schild auf unserem Pfad bleiben wir kurz stehen, um die Fragen *Wo?* und *Wohin?* zu beantworten und uns nochmal die Vokabeln und den Ort zu merken. In den kurzen Pausen wird die Jause gegessen und über die Geschichte der Region diskutiert, über die Wohnsituation der Teilnehmenden, die Jobsuche, ihre Lebenspläne und Träume. Das „normale" alltägliche Gespräch außerhalb der Kurszeiten scheint allen zu gefallen. Oben angekommen wird wieder gegessen. Das Redetempo bei der barocken Festung Schlosskopf oben ist wesentlich schneller und der Gesprächsinhalt ist viel „lebendiger" als beim Salzstadl unten. *Hinauf* und *hinunter* werden richtig gebraucht und bis zu diesem Lernerfolg hat es nur eineinhalb Stunden gedauert. Mein Trainerherz schlägt höher.

Am Rückweg wird viel gelacht und fotografiert, aber leider nur die Landschaft und die Gruppe. Ein paar Bilder von Schildern hätten auch nicht geschadet, stelle ich später fest.

Langsam wird es dunkel und neblig. Der Weg, der vor zwei Stunden ziemlich breit und flach war, wird komischerweise immer schmäler und steiler, aber noch verunsichert es mich nicht. Das Einzige, was mich wundert, ist, dass unsere Lernstationen, also diese Schilder, mithilfe derer wir geübt haben, nicht mehr da sind.

„Sind wir richtig?", fragt Claudia vorsichtig.

„Ja, ich glaube schon", antwortet Kecheli.

„Jetzt ein Stück runter, dann geradeaus und dann sind wir im Parkplatz, sorry, am Parkplatz", meint Solih.

„Ich sage lieber gar nichts", denke ich mir, solange sie alles untereinander regeln. Wenn ich einen „inneren" Kompass hätte, würde ich in diesem Fall sagen, dass der „innere" Kompass mich für einen Moment im Stich gelassen hat. Da ich aber keinen habe, folge ich meiner Intuition, wie es mir meine meditativen Übungen empfehlen. Es ist Freitagnachmittag und allem Anschein nach hat meine Intuition schon längst Feierabend. Es riecht immer mehr nach Kälte, der Weg wird immer kurviger. Manche Hänge sind noch mit tiefem Schnee bedeckt und der Pfad in der Mitte ist matschig und eisig gleichzeitig. Die leichten Jacken sind schon längst geschlossen worden und die Mützen über die Köpfe gezogen.

„Ist es noch weit? Seid ihr sicher, dass es unsere Richtung ist?", fragt Claudia neugierig und besorgt.

„Komisch, es ist rutschig", sagt Solih.

„Oje, oje, ich habe falsche Schuhe an", seufzt Kecheli.

„Wo ein Wille ist, da ist ein Weg", fällt mir plötzlich ein. Ich marschiere weiter und tue so, als wäre nichts passiert. Unsere Füße sind schon nass und stecken fast im Schnee. „Diese Wege sind die alten Römer gegangen. Stellt euch das einfach vor. Unglaublich, oder?", versuche ich alle aufzumuntern.

„Sollen wir nicht lieber zurückgehen?", fragt Jamid.

„Man soll nur zurückblicken, um zu sehen, wie weit man gekommen ist", motiviere ich alle weiter. „Und alle Wege sind beschildert, wir können uns nicht verlaufen."

„Genau das meine ich", sagt Jamid. „Können wir vielleicht das Schild da vorne lesen?"

„Natürlich. Gute Idee. Lest bitte, was auf dem Wegweiser steht. Wohin führt der Weg?", fördere ich die Gruppenarbeit.

„Müssen wir jetzt nicht zurück? Wir sind von da gekommen", vermutet Jamid und deutet in die andere Richtung.

„Es spielt keine Rolle, woher du gekommen bist, es zählt nur, wohin du gehst", sprudelt es aus mir aus. Dank aller möglichen Motivationssprüche, die ich regelmäßig über Apps bekomme, habe ich schon hunderte dieser Sprüche so gut einstudiert, dass sie reichen, um ein Heer durch eine Schlacht zu führen. Die Motivationsarbeit ist ein Teil jedes Trainings. Das, was ich in den anderen entzünden will, muss in mir brennen.

Das verlockende Schild am Ende des Wegs gibt uns die letzte Chance zu erfahren, ob wir heute zu Hause oder im Wald übernachten werden. Als fast „Einheimische" glauben wir immer noch, jeden Winkel hier zu kennen. Aber da, wo wir gerade sind, waren wir bis jetzt noch nicht: Das Schild begrüßt uns in Rieden, einer anderen Ortschaft.

„Herzlich willkommen in Rieden", liest Solih erstaunt vor.

„In Rieden? Ist doch Dativ, oder?", fragt mich Jamid.

Die ganze Gruppe prustet vor Lachen. Auf meine Frage, warum sie nicht gelesen haben, was auf den Schildern steht, warum sie nicht gesagt haben, dass wir vom Weg abgekommen sind, bekomme ich eine einfache, aufrichtige Antwort: „Weil du immer recht hast."

Die nächsten zwei Stunden marschieren wir verfroren im Einklang mit der Natur und der deutschen Sprache. Claudia schwört, nie mehr wandern zu gehen, Kecheli freut sich, nie mehr wieder die Geschichte der Region lernen zu müssen, die anderen verfluchen den Dativ mit dem Akkusativ. Der Versuch, die verschiedenen Kulturen einander anzunähern, ist für mich gescheitert.

Am Abend leuchtet das Handy auf – Gruppenchat:

„Wohin gehen wir nächstes Mal? Holzgau?"

„Na, Dürrenberger Alm, Urisee."

„Wo ist es?"

„Wenn du vom Urisee raufgehst, auf die Alm."

„Gibt es da Schilder? Haha!"

„Haha. Ja, überall, 100%, wenn man sie lesen kann."

„Ich gehe jetzt jeden Sonntag auf die Ruine, kein Witz. Cool."

Mittlerweile kennen sie sich dort besser aus als jeder „Einheimische". Auf Instagram findet man Fotos von ihnen oben auf der Burg – bei jedem Wetter. Wenn man mehr von der Ruine erfahren will und vor allem, wenn man nicht sicher ist, *Wo?* und *Wohin?*, dann sollte man einen von meinen Wanderern als Begleiter mitnehmen. Sie finden den richtigen Weg, egal ob es ummi, aufi oder achi geht.

## Dativ, die Zweite. Oder: Internationaler Frauentag

Der Dativ übt sich am effektivsten, wenn man etwas mit jemandem teilt, am besten Freude oder positive Emotionen. Und wenn es die nicht gibt, dann ein Stück Kuchen.

Heute ist der 8. März, der Internationale Frauentag. Dieser Feiertag entstand als Initiative sozialistischer Organisationen in der Zeit um den Ersten Weltkrieg im Kampf um die Gleichberechtigung. Auf Vorschlag der deutschen Sozialistin Clara Zetkin wurde der erste Frauentag am 19. März 1911 gefeiert. Am 8. März des Jahres 1917 kam es in Sankt Petersburg (dem damaligen Petrograd) zur Revolution, die aufgrund des zu diesem Zeitpunkt im Zarenreich noch verwendeten julianischen Kalenders auf den 23. Februar fiel und deshalb Februarrevolution heißt. Ein paar Jahre später wurde in Moskau der 8. März als internationaler Gedenktag ausgerufen, um die Rolle der Frauen in der Februarrevolution zu würdigen. Seitdem wird dieser Tag in Russland groß gefeiert: Erstens hat man an dem Tag frei, zweitens bilden die Frauen laut Statistik die Mehrheit der russischen Bevölkerung, drittens kann jeder, der einen Blumenladen besitzt, ausgerechnet an dem Tag seinen Jahresumsatz machen. Jeder Mann, der an diesem Tag ohne Blumenstrauß nach Hause kommt, verurteilt sich selbst zum Tode. Schon im Kindergarten üben die Jungen fleißig die Lieder und Gedichte für ihre Mütter und alle Mädchen, ihre potenziellen Ehefrauen. Sie wissen ganz genau, dass sie nicht nur etwas vorsingen, sondern etwas für sie basteln und ihnen Blumen schenken müssen. Ab der Volksschule wird der Staffelstab vom weiblichen Lehrpersonal übernommen, um den Jungs die Gewohnheit, Blumen zu schenken, weiter anzutrainieren. Spätestens im Alter von sechzehn Jahren ist das Blumen-schenken-Gen beim männlichen Teil der russischen Bevölkerung so gut programmiert, dass keine Steuerung von außen mehr nötig ist: Der Selbstschutzinstinkt führt alle Männer am 8. März ins Blumengeschäft. Dieser Tag wird bei den Männern genauso groß gefeiert wie bei den Frauen. Meistens fangen die Groß- und Kleinbetriebe schon einen Tag vor dem eigentlichen Feiertag und noch vor Arbeitsbeginn an zu feiern, damit man sich am Feiertag vom Feiern erholen kann.

Am 8. März geht es heutzutage ums Schenken: Man schenkt Blumen und Aufmerksamkeit. *Schenken* ist wie *geben, geben* entspricht dem lateinischen *dare* und der Dativ kommt von diesem *dare*. Im Russischen entspringen das Wort für *Geschenk – podarok –* und das Verb *schenken – darit' –* der lateinischen Sprache.

**Info für die Muttersprachler:**

Der Dativ gehört in der Grammatik zu den Kasus. Die Funktion des Dativs ist es, den Empfänger des Gegebenen zu bezeichnen. Den Dativ verwenden wir nach bestimmten Verben und Präpositionen. Die Kontrollfragen lauten *Wem?* oder *Was?* Wenn wir die Begriffe *Gabe* oder *Begabung* näher betrachten, dann wird uns klar, dass es bei diesen Wörtern ums *geben* geht.

Blumen gehören in Russland zum 8. März wie das Bier zum Oktoberfest, der Krampus zum Nikolausumzug, die Ziachkiachl mit Kraut zum Weihnachtmarkt in Tirol, der Stau zum autofreien Tag im Außerfern – und selbstgebackener Kuchen zu jedem anderen Anlass, zumindest in unserer Ortschaft. Ob zum Geburtstag, auf dem Flohmarkt oder am Elternsprechtag in der Schule: Ein selbstgebackener Kuchen gehört einfach dazu. Wenn Ausländer hier Teil der Kultur und Gesellschaft werden wollen, dann sollten sie selbst einen Kuchen backen und ihn mitnehmen, egal wo sie hingehen. Kuchen bedeutet für mich feiern und sich freuen. Was wohl am Elternsprechtag gefeiert wird, ist mir immer noch ein Rätsel. Es ist wahrscheinlich so: Wenn du ein braves Kind hast, mit dem das System zufrieden ist, dann kaufst du dir ein Stück Kuchen als Belohnung. Wenn du ein einzigartiges Wesen hast, das nicht ins klassische Schulsystem passt, dann iss ein Stück zum Trost. Wie dem auch sei: *Kuchen* bedeutet auf jeden Fall *teilen*. *Teilen* heißt *geben*. *Geben* gehört zum *Dativ*. *Geben* ist wichtig, und noch wichtiger ist die Person, mit der man etwas teilt – selbst in der Grammatik steht das Dativobjekt vor dem Akkusativobjekt: Wer *gibt wem was?*

Da das Thema ohnehin schon anstrengend ist, möchte ich im Kurs niemanden mit meiner Backkunst überfordern und besorge stattdessen einen selbst gekauften, selbst gebrachten und fast selbst geschnittenen Streuselkuchen. Also, wir feiern heute. Zu meiner Unterstützung kommt aus dem ehemaligen sozialistischen Lager die Teilnehmerin Tina aus Georgien. Sie feiert den Frauentag auch und freut sich über alle Pronomen, den Dativ und den Akkusativ. Hauptsache, sie hört heute: „Alles Gute zum Frauentag!"

Die Konstruktion *Ich wünsche dir viel Spaß/viel Glück/viel Erfolg!* funktioniert heute besonders gut. Bei jedem *Ich wünsche dir ...* seitens der Männer blühen die Damen auf. Je mehr sie aufblühen und sich mit *Das ist nett von dir!/Das ist lieb von dir!* bedanken, umso mehr Motivation und Energie haben die Herren, ihnen noch etwas zu wünschen, und zwar *eine gute Fahrt/eine sichere Reise/schöne Ferien* – einfach alles, was in der nächsten Aufgabe steht und zur ersten nicht besonders gut passt.

Wir versuchen ein Kompliment mit einer Einladung zu kombinieren: *Diese Frisur steht dir gut. Darf ich dich zu einem Kaffee einladen?* Merkwürdigerweise lassen sich die Damen lieber zu einer Bratwurst als zu einem Kaffee einladen. Sie reagieren fröhlicher, wenn sie Wurst hören als Kaffee, vielleicht liegt es einfach an der Uhrzeit: Es ist 19 Uhr 10. Bei den Männern liege ich auch total falsch: Die meisten laden den Partner öfter zu einem Eis ein als zu einem Bier, obwohl beide Nomen denselben Artikel haben und sie nicht das Wort auswählen, bei dem sie weniger Fehler im Dativ machen, sondern wirklich das, was ihnen besser schmeckt. Meine Idee mit dem Kuchen scheint mir langsam nicht mehr so sensationell zu sein, besonders nach dem nächsten Gespräch, in dem die Kursteilnehmer Fragen stellen sollen, *was* und *wem* schmeckt:

„Pommes schmecken mir gut."

„Kartoffeln schmecken mir gut."

„Schmeckt dir der Kuchen?"

„Nein, Spaghetti finde ich lecker."

„Schmeckt dir der Kuchen?"

„Ja, aber Wurst finde ich lecker."

*Mir* und *dir* sind noch in Ordnung. *Ihm, ihnen, euch, ihr* sind die magischen Geräusche, die kaum einer hört und kaum einer sich schnell merkt. Man muss gleichzeitig die Personenanzahl, das Geschlecht und das Pronomen definieren und die richtige Form im Dativ nennen – und das auch noch mit einem Gesprächspartner: „Ich wünsche dem Freund viel Glück. Ich wünsche er ..., nein, es, nein, ihm viel Glück. Ich lade äh dir, nein ... dich ein. Danke, das ist nett von du ... äh ... dir."

Und doch ... der Kuchen! Während sie alle die Gespräche üben, packe ich langsam die weißen Pappteller und die Becher aus und schleiche aus dem Kursraum in den Gang zur Theke, hole den selbst versteckten Kuchen und das selbst mitgebrachte Messer zum Schneiden.

„Kann ich, können wir dir helfen?", höre ich hinter mir. Neugierige Augen schauen mich gespannt an.

„Ja, klar, das ist sehr freundlich von euch", antworte ich wie die Stimme aus der Hörübung *Einladung zum Essen.* Mohammed schneidet. Mahmud hält den Unterteller fest, die anderen verteilen die Pappteller. „Ich gebe dir ein Stück", fange ich an und reiche Tina ein Stück. „Jetzt du, Tina. Wem gibst du den Kuchen?"

Sie hält den Kopf aufrecht, stellt sich gerade hin – die typische Vorbereitung auf die Antwort in einer sowjetischen Schule. „Ich gebeee ihm den Kuchen", sagt sie und zeigt auf Ayle.

„Ich gebe euch den Kuchen", sagt Ayle und schaut Fatma und Amrak an.

„Ich ... äh ... esse nicht am Abend", sagt Fatma verlegen. Sie heiratet bald und möchte abnehmen. Wenn sie abends im Deutschkurs ist, dann freut sie sich, weil sie weder kochen noch essen muss.

„Ich schenke ihr Kaffee und nehme mir den Kuchen", reagiert Amrak schnell.

„Schmeckt dir der Kuchen?", frage ich Mahmud, der eher Wurst und Spaghetti mag, aber sein Stück hinter der Theke ganz schnell aufgegessen hat.

„Sie, nein, er schmeckt mir sehr gut", antwortet er dankend.

Die ganze Gruppe brummt vor sich hin, wer wem was gibt und was dafür bekommt. „Sehr nett von dir!", ruft Tina und klatscht vor Freude. Den ersten Teil des Gesprächs habe ich versäumt, aber anscheinend ist es nett gewesen, darum freut sie sich, dass sie es nicht nur gelernt hat, sondern gleich in einem passenden Zusammenhang gebrauchen kann. Alle sind immer total begeistert, wenn sich außerhalb des Kurses eine Situation findet, in der sie das sagen können, was sie gerade gelernt haben. Immer wieder fasziniert sie die Tatsache, dass es dieselbe Sprache ist: die, die wir im Training üben, und die, die „normale" Menschen draußen sprechen.

Amrak dreht die Runden um die Theke und wiederholt aufgeregt bei jedem Schritt: „Alles Guteee zum Frauentag, ich wünsche dir viel Glück ... aha, alles Guteee zzzumm Frauentag, aha, so, ich wünsche dir viel Glückkk!" Es schaut so aus, als würde er den Satz mit einem gewissen Ziel lernen, und zwar nicht nur für ein Gespräch im Kurs – er hat eindeutig weitgehende Pläne für heute Abend oder für die Zukunft. In diesem Satz, in dem es für mich nur um das Personalpronomen im Dativ und um das Akkusativobjekt geht, geht es für ihn offenbar um viel mehr. Na, dann darf er die Blumen nicht vergessen. Blumen kommen zuerst, wie das Dativobjekt. Und nicht nur am 8. März!

## Resistent Learners

Ja, die gibt es wirklich. Sie sind spezielle Kandidaten für den besonderen Preis in der Kategorie „Schon-zum-zehnten-Mal-im-selben-Kurs": Nicht der Sieg ist wichtig, sondern die Teilnahme. Ein natürliches Bedürfnis nach selbstgesteuertem Lernen ist bei ihnen irgendwo auf dem Lebensweg verloren gegangen. Sie befinden sich aber immer noch in der aktiven Auseinandersetzung mit der Umwelt, sonst wären sie nicht da, wo sie jetzt sind, und das ist eindeutig ein positives Zeichen. Leider trägt das aktive Erkunden nicht unbedingt zur Erfahrungsbildung bei. Nach vielen Jahren in Österreich mussten sie die Tatsache akzeptieren, dass Deutsch immer noch die offizielle Sprache des Landes ist. Diese bittere Erkenntnis bewegt sie immer wieder zu einem neuen Kursbesuch, wenn sich in ihrem Lebensplan eine Lücke findet. Die findet sich leider nur alle zwei Jahre, aber wenn sie sich doch findet, dann steht ihnen wieder die Sprache oder eine Trainerin, wie in diesem Fall ich, im Wege. Die Sprache, die man doch lernen muss, weil sie sich von allein nicht lernt. Die Hoffnung stirbt bekanntlich zuletzt, und sie hoffen wieder, dass der Besuch allein völlig reicht, um die Sprache zu zähmen. Und ich komme mir für sie wie eine Zauberin vor, die natürlich ein paar Zaubertricks parat hat, damit meine Helden den Drachen namens Deutsch besiegen können. Im Handumdrehen würde ihr Gehirn ohne Anstrengungen, Wiederholungen, Übungen oder andere sinnlose Lerntätigkeiten die komplexen Inhalte aufsaugen. Sie sind wieder da: mit viel Lernenergie und ängstlichem Blick in Richtung Eingangstür, Ausschau haltend nach dem Fluchtweg während der Pause, was sie auch geistig und körperlich fit hält – vielleicht klappt es diesmal ja doch? Die Situation erinnert mich an den jährlichen Winterausbruch in Russland: Der Winter kommt dort schon seit Jahrhunderten unerwartet im November, ausgerechnet dann, wenn man mit Wartungsarbeiten am Heizungssystem beginnt. In Tirol wundert man sich übrigens auch jedes Jahr aufs Neue, dass der Winter tatsächlich kommt und es schneit. Jedes Jahr passiert dasselbe – aber unerwartet. Auf die Nachricht, dass man hier Deutsch lernen muss, waren meine Helden mal wieder nicht vorbereitet.

Der Glaube daran, diesmal einem Wunder zu begegnen, hält sich bei mir in Grenzen. In diesem Fall freue ich mich, dass sie überhaupt da sind, und unterstütze ihren Wunsch, sich durchzukämpfen, obwohl viele das erste Mal zu hören scheinen, dass Nomina bestimmte Artikel besitzen.

Alles wäre nicht so schlimm, würden sie in einem Anfängerkurs sitzen, in dem man zum ersten Mal in Kontakt mit der außerirdischen Zivilisation treten darf. Viele entscheiden sich aber für einen Fortgeschrittenenkurs, als würde die Wahl des Kurses in direkter Relation zur Aufenthaltsdauer im Lande stehen: Je länger ich im Land lebe, desto fortgeschrittener bin ich sprachlich und sozial. Das macht das Training sowohl für die Trainerin als auch für alle Beteiligten zur Herausforderung. Gerade in solchen Momenten ist eine spezielle Behandlung gefragt.

## Trainer sind wie Ärzte

Es kommt mir so vor, als wären Trainer wie Ärzte und Kursteilnehmende wie Patienten, die unrealistische Ansprüche und Verständigungsprobleme haben. Lernende hoffen auf eine schnelle Heilung, einen problemlosen Zufluss der wichtigsten Vokabeln und der richtigen Grammatik – und das zu jedem Themenbereich des Lebens. Egal wie, aber um irgendwie die Prüfung zu schaffen. Der Arzt will in erster Linie nicht schaden. Die Trainerin auch. Manchmal kann der Anblick des Arztes schon gesund machen. Da erinnere ich mich an meinen Hausarzt: Eineinhalb Stunden Wartezeit trotz des vereinbarten Termins lohnen sich schon in den ersten fünf Minuten des siebenminütigen Gesprächs mit ihm.

Dank meinem Hausarzt lernte ich, an meiner „trainer-therapeutischen" Wirkung zu arbeiten. Mein Blick und meine Ausstrahlung sind die wichtigsten Instrumente, um das Orchester der Kursteilnehmer zu dirigieren. Sie entscheiden darüber, ob ich das Publikum gewinne oder Anspannung schaffe. Wenn man jedem dieser Menschen in die Augen schaut – und zwar öfter als in ihre Hausaufgaben –, dann sieht man sich selbst. Das ist der einzige wahre Spiegel, der nie lügt, im Gegensatz zu den Spiegeln in manchen Umkleidekabinen. Der Blick beziehungsweise die Widerspiegelung meines Blicks in den Augen der Gruppe ist das wichtigste Kommunikationsmittel zwischen uns. Allein mit dem Blick schafft man eine innere Brücke, die von der

Bereitschaft kommt, diese bauen zu wollen. Lob, Anerkennung, Begeisterung, Stolz, Wertschätzung, Mut und fester Glaube an diese Menschen und ihre Kräfte – das soll der Blick vermitteln, und dafür muss man das alles empfinden, für jeden, der die Tür aufmacht und in den Raum hereinspaziert, sich unsicher einen Platz aussucht, die Tasche auspackt, nervös nach dem Stift sucht und dir schüchtern die Hand zur Begrüßung hinstreckt.

In anderen Berufen kann man vielleicht auf einen spektakulären Auftritt dank verschiedener technischer Spielereien hoffen. Da drückt man elegant auf einen geheimen Knopf und schon leuchtet der Bildschirm in bunten Farben oder es passiert sonst etwas, das alle Anwesenden im Raum beeindruckt. Ich habe leider keine hochtechnischen Geräte, mit denen ich meine Autorität stärken kann, eher umgekehrt: Das Licht lebt sein eigenes Leben und die Glühbirnen entscheiden meistens autonom, wo sie intensiver leuchten, im hinteren oder im vorderen Teil des Raums. Das Radio lässt mich regelmäßig in Stich, wenn ich eine Hörübung groß vor dem Publikum ankündige.

Ich habe nur den Blickkontakt, und der ist alles, was zählt, denn nur ich bin für ihn verantwortlich.

## Deutsch für Selbermacher

Deutsch kommt mir sehr oft wie ein Puzzle oder wie Lego vor, die Wörter sind wie Bauklötze: Etwas wird zusammengelegt, zusammengeführt, zerlegt, aufeinandergestapelt, aufgebaut, umgebaut. Im ungünstigsten Fall ist das wie eine große Baustelle, die noch dazu in einem denkbar schlechten Moment in vollem Gange ist, wie zum Beispiel mitten in der Touristensaison bei uns im Bezirk, wenn man eifrig und voller Engagement mit der Renovierung beginnt. Und zwar so, dass die verwirrten Touristen in Panik nach der Umfahrung suchen müssen, weil das Umleitungsschild leicht schief hängt und der Pfeil in den Asphalt zeigt oder genau in die Straßenrichtung mit dem Fahrverbot.

Das Lernen einer Sprache fördert das eigene Tun und die Arbeit – und das ist eine harte Mut- und Fleißprobe, denn nur der Fleißige wird diese Sprache beherrschen. Also wird auch im Training gebaut. Die zusammengesetzten Wörter werden geübt, gelernt und gebraucht.

### Info für die Muttersprachler:

Die Komposition oder Wortzusammensetzung ist in der Grammatik die Bildung eines neuen Wortes durch die Verbindung mindestens zweier bereits vorhandener Wörter oder Wortstämme. Ein zusammengesetztes Wort wird Kompositum, Zusammensetzung oder Doppelwort genannt.

Wir befinden uns im Kurs. – Ich spreche ein sehr langes Wort aus und höre:

„Ich habe den Satz verstanden, juhu!", freut sich Rozan.

„Äh, sorry, das war ein Wort", entschuldige ich mich, dass ich wieder mal die Leichtigkeit des Seins erschwert und den wunderbaren Funken des Lebens gelöscht habe.

Und dennoch macht gerade das Deutsch zu einer sehr praktischen Sprache: Man benutzt ein Wort und erhält oder teilt die Information, die einem manchmal für den Rest des Lebens reicht. Und Deutsch ist auch sehr spannend: Man hat einige Wörter gelernt und schon kann man selbst welche bauen, wie zum Beispiel *schreiben* + *Tisch* = *Schreibtisch, Schreibtisch* + *Stuhl* = *Schreibtischstuhl, Schreibtischstuhl* + *Preis* = *Schreibtischstuhlpreis* – und so weiter.

Der *Kaffee* + die *Maschine* = die *Kaffeemaschine,* die *Hand* + das *Tuch* = das *Handtuch* – das Prinzip ist klar und der Vorteil ist, dass man nicht so viele Vokabeln lernen muss. Alles, was man braucht, erfindet man selbst. Je mehr Konsonanten das Wort hat und je länger es ist, umso „deutscher" klingt es. Und so entstehen das *Wasserhahnwasser* (das Leitungswasser), der *Sachenschneider* (das Messer), der *Suppenkocher* (der Topf), der *Hauswechsel* (der Umzug), der *Haushund* und die *Wohnungskatze* (die Haustiere) und auch die *Mitesser.* Da die Pille für die deutsche Logik schon begonnen hat zu wirken – und das auch noch ziemlich intensiv –, wird das Wort *Mitesser* nicht anders verstanden als so: *Mitesser*, das sind Leute, die mitessen, und zwar gern. Keinem würde einfallen, dass es um Pickel im Gesicht geht. Gerade in solchen Momenten wird Deutsch ziemlich gefährlich, wenn man so was liest wie: *Wie Sie lästige Mitesser entfernen und für immer loswerden können.* Es muss dann wohl heißen, dass es sich um eine Technik handelt, seine Mitmenschen effizient zu eliminieren.

Es braucht ein tieferes Sprachgefühl und tägliche Konfrontation mit den Sprachbausteinen, um zwischen all den Präfixen, Wortstämmen und deren Bedeutungen je nach Kontext zu unterscheiden. Und dazu muss man in jedem Lernenden seinen kleinen „Bob den Baumeister" unterstützen.

### Die Deklination der Adjektive.
### Oder: Sag tschüss zu Feierabend, Fußball am Wochenende und jeder anderen Art von Spaß!

Im A1-Kurs beschreibt man alle Personen und Gegenstände meist noch im Nominativ: *Die Tasche* ist schön. *Das Wetter* ist herrlich. *Die Leute* sind nett. Wer ein Nomen mit dem passenden Artikel und ein Verb mit der entsprechenden Endung in einem Satz richtig kombiniert, der gilt als hochbegabt und darf sich zwischen den Kursen eine Pause ohne Lehr- und Arbeitsbuch gönnen. Aber was in einem A1-Kurs als hervorragende Leistung hoch angesehen ist, wird in einem A2-Kurs als Kinderspiel betrachtet, weil die Spielregeln sich geändert haben: Sie haben sich verschärft.

Ab heute wird das Leben anders – und zwar so: Steht das Adjektiv vor dem Nomen, ist das Adjektiv Teil einer Nomengruppe und muss dekliniert werden. Das Adjektiv hat dann eine attributive Funktion. Als Nomenattribute charakterisieren oder definieren Adjektive ein Nomen. Eine Nomengruppe besteht demnach aus: Artikel + Adjektiv + Nomen.

Um dieses Thema zu bewältigen, haben meine Schützlinge nur ein paar Wochen Zeit. Glaubt man den Sprachlehrbüchern, soll diese Zeit tatsächlich dazu reichen, die gesamte Deklinations-Tabelle schön kompakt im Kopf zu speichern und in einem Gespräch fließend reproduzieren zu können. So was ist natürlich nur für Ausnahmetalente möglich.

**Info für die Muttersprachler:**

Wie das Adjektiv dekliniert wird, ist von vier Faktoren abhängig:

- von der **Form des Artikels** (bestimmt, unbestimmt, Nullartikel): *Der junge* Mann kauft *eine rote* Rose. Seine Freundin liebt *gelbe* Tulpen.
- vom **Numerus** (Singular, Plural): *Das kleine* Mädchen spielt mit dem Ball. *Die kleinen* Mädchen spielen mit ihren Bällen.
- vom **Genus** (feminin, maskulin, neutral): *Der fleißige* Junge übt für die Schularbeit. *Die junge* Frau möchte heute Abend in die Disco gehen.
- und vom **Kasus** (Nominativ, Genitiv, Dativ, Akkusativ): *Der ehrgeizige* Sportler trainiert täglich mehrere Stunden. Der Trainer beobachtet *den ehrgeizigen* Sportler. Ein Manager bietet *dem ehrgeizigen* Sportler einen Profivertrag an.

Als wäre das noch nicht genug Herausforderung, muss man bei der Adjektivdeklination nach einem bestimmten Artikel auch wissen, dass es sich dabei um eine „schwache" Deklination handelt, also nur die Endungen -e und -en möglich sind: *die gute* Frau (Nominativ), *der guten* Frau (Genitiv), *der guten* Frau (Dativ), *die gute* Frau (Akkusativ). Das alles ist nicht so schwer – vorausgesetzt man hat dieses Wissen mit der Muttermilch aufgesogen. Nicht-Muttersprachler hingegen müssen es mit Redbull und dem Arbeitsbuch in sich hineinfließen lassen.

Die Beispiele, die wir verwenden, passen größtenteils zum Wortschatz des Themas, mit dem wir uns in einem Modul beschäftigen, denn so werden die Fertigkeiten optimal trainiert. Die Vokabeln werden in einem gewissen Lernkontext und mit entsprechenden grammatischen Strukturen gebraucht, die man später auf andere Themen und Lerngebiete übertragen kann. Um den praktischen Nutzen zu genießen und eine positive Einstellung zum Erlernten entwickeln zu können, bilden wir solche Nomengruppen, die inhaltlich den Interessen der Kursteilnehmer entsprechen.

Welches Adjektiv wie dekliniert wird, hängt im Grunde von diesen Bedingungen ab:

1) vom Wetter (äußerst wichtig in Tirol, vor allem im Außerfern),
2) von der Stimmung in der Gruppe (siehe Punkt 1),
3) vom Alter der Lernenden (bei den SchülerInnen ist das übliche Beispiel „die strenge Lehrerin" oder „der fleißige Schüler"; bei den Fachkräften aus dem wirtschaftlichen Bereich „die niedrigen Ausgaben" oder „der hohe Gewinn")
4) und von ihrem Geschlecht.

Der weibliche Teil der Gruppe tendiert entweder zur Deklination von männlichen Charaktereigenschaften oder von äußerlichen Merkmalen: *der hübsche junge Mann, der intelligente, fleißige Junge.* Die männlichen Teilnehmer stellen sich zwar auch gerne *eine hübsche Frau* vor, aber noch lieber *ein teures, schnelles*

*Auto.* Oder wie man mit *einer hübschen Frau ein teures, schnelles Auto* an *einem sonnigen Tag* fährt. Dank der positiven und fröhlichen Vorstellungen entsteht in der Gruppe eine positive Einstellung zur komplizierten Grammatik und erst dann werden *die grünen Jacken, die leckere Pizza* und *das helle Büro* rauf und runter dekliniert.

„*Der rote Rock steht Clara gut. Clara möchte den roten Rock anziehen*", ist im Gespräch *Was soll ich zum Vorstellungsgespräch anziehen* im Kapitel *Aussehen und Geschmack* zu lesen. Hier wird dieselbe Grammatik trainiert, mit der sich die Gruppe schon im ersten Teil des Kurses herumgeschlagen hat. Diejenigen, die dieses Thema verschlafen oder zu dieser Zeit gerade Kinder bekommen oder geheiratet haben, werden es jetzt sicherlich bereuen. Diese Lebensstationen hätten sie sicherlich verschieben können, jetzt fallen sie der Deklination der Adjektive zum Opfer.

„Passt die *blaue* Bluse mit der *hübschen* Brosche zu *einem schwarzen* Blazer und *diesen braunen Lackschuhen*?" – viele sind wie vor den Kopf gestoßen, als ich diese Frage auf das Whiteboard schreibe. Keiner meldet sich freiwillig. Ich wiederhole die Frage: „Passt die *blaue* Bluse mit der *hübschen* Brosche zu *einem schwarzen* Blazer und *diesen braunen Lackschuhen*?"

„Ja, sie passt. Du hast recht!", antwortet die Hälfte der Gruppe lachend und hofft, dass sie sich damit eine Menge Stress erspart hat. Es ist immer schmeichelhaft zu beobachten, wie sie versuchen, mich mit ein paar netten Worten abzulenken. Aber bei dem Thema bleibe ich hart wie Stein, ich habe mir das zumindest fest vorgenommen. Und schon beim ersten Verb *aussehen* läuft wieder alles in eine ganz andere Richtung.

„Es wird sicherlich spannend. Ihr schaut heute alle besonders schön aus", kündige ich das Thema schon elegant an. „Also das Verb *aussehen*: Ihr seht schön aus, er sieht schön aus, sie sieht schön aus, wir sehen schön aus – und ich?", frage ich erwartungsvoll. An dieser Stelle sollten sie sagen *Ich sehe schön aus*, weil wir doch das Verb konjugieren.

„Und du bist die Trainerin!", antwortet Fatma laut und stolz.

„Vielen Dank für die Aufmerksamkeit! Das Stück ist zu Ende!", fällt mir in diesem Moment ein. Das laute Kichern von allen Seiten beunruhigt uns beide. Der Nachbar rechts von Fatma kugelt sich vor Lachen. Selbst Dahid, den nichts auf der Welt aus dem Gleichgewicht bringen kann, wird rot im Gesicht und strengt sich an, um nicht loszuprusten. „Danke sehr. Gut, ich bin die Trainerin. Und ich *sehe* gut aus. Hoffentlich. Heute beschreiben wir Personen. Wir haben schon viele Adjektive gelernt und wir können sie heute alle mit dem Verb *aussehen* gut gebrauchen. Wir dürfen nicht vergessen, dass *aus* abtrennbar ist, also kommt es dann ans Satzende", rede ich weiter. „Marina, wie sieht dein Freund aus?"

„Er sieht ganz hübsch aus. Er ist sehr sportlich und sympathisch."

„Sehr schön, danke. Wie sieht deine Mama aus, Dora?"

„Meine Mama sieht sehr schön aus. Sie hat schöne Haare und sie ist sehr lieb."

„Wie sieht deine Ehefrau aus, Marcello?" Marcello ist Italiener. Er redet gerne über sich selbst. Oder er beschwert sich über Politik.

„Meine Ehefrau? Äh, ja, gut, so normal ... Ich arbeite viel und habe keine Zeit zu Hause und wir haben Kinder. Ich arbeite jetzt, am Abend schaue ich Fußball und ..."

„Vielen Dank, Marcello", unterbreche ich ihn verständnisvoll. „Fatma, wie sieht dein Mann aus?"

Sie ist total verblüfft. Die Frage hat keine positive Wirkung auf sie. „Wann? Heute?"

„Nein, immer, so jeden Tag. Von Montag bis Sonntag." Ich weiß nicht, was sie so überrascht: dass die Woche sieben Tage hat oder dass ich nach ihrem Ehemann frage? „Ja, sieht er gut aus, sportlich? Ist er sympathisch, hat er eine schöne Stimme?"

„Wer? Mein Mann?", die Frage schockiert sie vollends.

Okay, falsche Frage, ich nehme mir vor, sie nie mehr etwas über ihre Verwandten zu fragen. Ich denke nur, dass sich die Teilnehmer ohnehin schon wegen der Grammatik und der Vokabeln anstrengen müssen, da ist es vielleicht einfacher, über ihnen bekannte Personen zu sprechen.

„Nur über den Mann? Über mich nicht? Darf ich?", fragt sie flehend.

Es geht bei diesen Übungen nicht um die Wahrheit, es geht um die Vokabeln und die neuen Strukturen, die

die Schüler kombinieren und angepasst an die Situation richtig anwenden sollen. Wenn sie eine Beschreibung bei der Polizei abgeben müssen, wenn sie jemanden suchen oder sich selbst beschreiben, wenn sie jemanden kennenlernen möchten. Ich verstehe, dass wir zu wenig Zeit für diesen komplizierten Stoff haben. Bei sechs Stunden pro Woche fällt es den meisten schwer, sich den Wortschatz zu merken, die grammatischen Regeln zu üben und dann noch alles in einen Monolog oder Dialog einzubauen. Aus diesem Grund treffen wir uns an zwei bis drei Zusatzabenden, obwohl es im Programm nicht vorgesehen ist. Und obwohl wir uns schon öfters außerhalb der Kurszeiten getroffen haben, funktioniert die richtige Verwendung immer noch nicht.

Plötzlich legt Fatma los: „Also, ich denke, ich sehe sehr gut aus. Ich sehe lieb und hübsch aus. Ich habe schöne grüne Augen mit hübschen schwarzen Augenbrauen. Ich bin nicht klein und nicht groß. Ich sehe sportlich aus und habe eine gute Figur. Wie meine Tochter habe ich schöne braune, lockige Haare. Ich kleide mich modisch und interessiere mich für Trends", erzählt sie schön langsam und atmet zum Schluss tief durch.

Totenstille.

Alle schauen Fatma an, dann schauen sie mich an. Kisam rutscht langsam der Stift aus der Hand und fliegt auf den Boden. Marcello macht kurz den Mund auf, als wollte er etwas fragen, und macht ihn wieder zu, als hätte er nichts zu sagen. Fatmas Sitznachbar atmet schwer aus. Sie wirft einen stolzen Blick in die

Runde, sie strahlt vor Glück, sie triumphiert! Das ist ihr kleiner Sieg und sie spürt das. Was sie jetzt gerade richtig auf Deutsch vorgetragen hat, haben wir mehrere Abende geübt. Ich habe mehrere E-Mails von ihr korrigiert, sie hat schon mindestens vierzig Sätze neu bauen müssen.

Ich kann es immer noch nicht glauben, dass es tatsächlich geklappt hat. „Prima! Klasse! Ganz toll, Fatma!", bin ich begeistert.

In der Pause verlässt niemand den Raum. Alle bleiben sitzen, ganz in das Lehrbuch versunken. Nur Fatma steht entspannt auf, holt sich einen Kaffee und zeigt mir mit Stolz die Fotos ihrer Tochter. Sie hat wirklich schöne lockige Haare, wie ihre Mutter.

Je tiefer wir in das Thema *Aussehen und Geschmack* eintauchen, umso ordentlicher und gepflegter erscheinen meine Lernenden zum Training. Nach der Komplimenterunde *Sag deinem/er Partner/in, wie schön er/sie aussieht* glätten sich die Falten im Gesicht und die Augen bekommen einen strahlenden Blick. Die Kursteilnehmer kommen frisch rasiert und duftend, mit schönen Frisuren und Accessoires. Lippenstiftfarben passen zum Nagellack. Man sieht Ketten und Ohrringe, Pullis werden stilgerecht mit Hosen kombiniert, Shirts mit Sakkos.

Als Beispiel nehmen wir nun nicht mehr die Familien der Lernenden und die Bilder aus dem Lehrbuch, sondern männliche und weibliche Topmodels aus den Modemagazinen:

„Der Mann mit *dem braunen* Hut (*der* Hut) trägt *ein weißes* Hemd (*das* Hemd) und sieht fesch aus."

„Die Frau mit *den langen blonden* Haaren trägt *ein helles schönes* Kleid (*das* Kleid) und *schwarze* Sandaletten (*-e*, Plural)."

„Der Typ da vorne hat *ein lässiges* Sweatshirt (*das* Shirt) an und sieht sehr stilvoll aus."

„*Das hübsche* Mädchen (bestimmter Artikel, die Endung beim Adjektiv *-e*) trägt *einen roten* Lippenstift", hört man eine männliche Stimme aus der Runde.

Na bitte: Das, was auf dem Whiteboard groß geschrieben steht, wird oft übersehen, aber die Farbe des Lippenstiftes des hübschen Mädchens aus der Werbebroschüre sticht jedem sofort ins Auge, selbst aus der Entfernung. Voll motiviert deklinieren wir weiter: *einen roten Rock, mit einem roten Rock, ein roter Rock, der rote Rock.*

„Und wenn blau, grün, kurz? Ist das auch so?", interessiert sich Jamid.

„Sorry, wie meinst du das?"

„Na ja, *einen roten* Rock, okay, aber wenn nicht rot, zum Beispiel blau, auch so? *Einen blauen* Rock? Oder?"

Die Frage verwirrt mich. „Ja klar, wichtig ist nicht die Farbe. Wichtig sind der Artikel und der Fall."

Andererseits kann ich Jamids Zweifel verstehen und seine Sorgen nachvollziehen. Dass es praktisch von jeder gelernten Regel eine Ausnahme gibt, kann einen schon gehörig verunsichern. Ich befand mich ja schon selbst in solchen Situationen, vor allem in Besprechungen mit Beamten. Man blickte kurz auf meinen Vor- und Nachnamen und fragte mich vorsichtshalber: „Äh, Konrad ist der Nachname, richtig?"

Früher verlor ich regelmäßig den Boden unter den Füßen und griff in Panik nach dem Kosmetikspiegel – habe ich mich etwa unrettbar integriert? Sehe ich wie ein Mann aus? Und wann bitteschön habe ich diese Mutation verpasst? Nach dem zehnten Mal nahm ich diese Rückfrage schon relativ gelassen und bedankte mich bei den Beamten für ihre außerordentliche Scharfsinnigkeit. Das Problem im Deutschen ist, dass die Nachnamen – egal wie gleichwertig Männer und Frauen behandelt werden – trotzdem auf einen Konsonanten enden. Aus der Abkürzung *M. Hartmann* wird niemals klar, ob es um eine Martina oder einen Michael Hartmann geht. Im Russischen hingegen enden fast 99 % aller Nachnamen entweder auf einen Konsonanten oder sie haben die Endung *-a*, die am Ende der weiblichen Nachnamen steht. Also *Frolova, Ivanova* – hier geht es garantiert um Frauen.

Die Verwirrung im Deutschen ist für die Lernenden einfach zu groß, darum sind alle Fragen – auch die über blaue, gelbe und kurze Röcke – völlig berechtigt. Man kann ja schließlich nie wissen. Und Sicherheit geht vor, wie es unsere Tochter zu sagen pflegt. Jede Erläuterung zu fast jeder Regel in der Grammatik ist wie eine Warnung auf der Packungsbeilage für Antibiotika: Du nimmst sie und hoffst auf die baldige Genesung, musst aber gleichzeitig mit vielen Nebenwirkungen rechnen. Und wenn diese Nebenwirkungen erst einmal eintreten, wirken die bisherigen Leiden gar nicht mehr so schlimm. Umgemünzt auf den Sprachkurs wäre das zum Beispiel: Die Teilnehmer haben *endlich* eine Regel zur Deklination der Adjektive verstanden, nachdem sie eine Erklärung dazu gelesen haben. Der Wow-Effekt dauert so lange an, bis auch alles gelesen wurde, was unter der Regel steht. *Beachten Sie!* steht darunter in kleiner Schriftgröße. Alles, was klein geschrieben ist, ist normalerweise viel wichtiger als das, was groß geschrieben ist. Das weiß jeder, der einmal die AGBs eines Kaufvertrags gelesen und verstanden hat. Ab dem Moment ist der Spaß vorbei und schon wieder bricht die Welt langsam zusammen.

„Die Adjektivdeklination im Plural ist sehr einfach, da es keine verschiedenen Genusformen gibt und auch keinen unbestimmten Artikel", deklamiere ich fröhlich, in der Hoffnung, allen ein bisschen Mut zu machen. Aber gegen die Tücken der deutschen Grammatik wirkt dieser Versuch nur wie ein Tropfen auf dem heißen Stein. Zumindest ein paar Teilnehmer lächeln mich an und kichern leise. Es hat doch funktioniert, denke ich mir, es ist noch nicht alles verloren.

Gebt den Lernenden Hoffnung und glaubt fest an sie! Auch die Genusformen können für die geplagten Geister ein Genuss sein, wenn man sie selbst genießt, und die Adjektive lassen sich deklinieren, wenn man die Schüler deklinieren lässt und Fehler zulässt. Ich mache absichtlich Fehler und die Gruppe korrigiert mich, wir bauen ein Puzzle aus bunten Karten mit verschiedenen Nomen mit Artikeln und Endungen, wir bauen ein Labyrinth aus diesen Karten auf dem

Fliesenboden im Foyer, wir veranstalten einen Wettbewerb in Kleingruppen. Erwachsene Menschen spielen, hüpfen, laufen und zum Schluss erzählen sie über ihre Traummänner und Traumfrauen – im Dativ, Akkusativ und Genitiv. Sie deklinieren ihre Träume, deklinieren die Varianten und Lösungen, und das ist wichtig: Alles ändert sich, alles ist deklinierbar. Und so wird Deutsch langsam ein Teil ihres Lebens.

## Der Kursraum als Variantenraum

Die Lippen sind zusammengepresst. Mein Inneres ist aufgewühlt. Ich bin hin- und hergerissen zwischen Empörung und Enttäuschung, die Gruppe zwischen Enttäuschung und Scham. Ich fühle mich wie ein kleines, hilfloses Kind. Gerne würde ich jetzt etwas Bedeutendes sagen, aber mir kommt nichts in den Sinn. Es gibt Momente, da geht einfach nichts vorwärts. Man bemüht sich mehr als je zuvor – aber vergeblich. Es ist, wie ohne Warnung in einen Stau zu geraten: Alle Wege sind von allen Seiten blockiert, der Fahrer vor dir hat den Motor abgestellt. Das könnte man als Zeichen eines ausgeprägten Umweltbewusstseins deuten. Meistens heißt das aber, es wird lange nicht vorwärtsgehen, ob du dich mehr oder weniger ärgerst, ob du rechtzeitig losgefahren bist oder nicht, ob du den Tag gut geplant hast oder gar nicht.

Ich ärgere mich über die Situation, die verlorene Zeit, die Mühe, die es mich gekostet hat, die langweiligen Inhalte kreativ und möglichst spannend zu gestalten. Ich ärgere mich, weil ich mich, meiner Ansicht nach, mehr bemühe als diejenigen, für die ich mich anstrenge, weil es vielen anscheinend nicht so wichtig ist wie mir. Manche sind müde, die anderen nicht vorbereitet, die Hälfte der Gruppe fehlt. Sie sind einfach nicht mit Leib und Seele dabei. Das enttäuscht mich – und das zeige ich auch: Alle Pendel, die es gibt, habe ich heute in Gang gesetzt, alle Dämonen aufgeweckt und gefüttert. Heute kann ich weder motivieren noch loben, weil es reicht. Zum ersten Mal trage ich den Stoff trocken vor, ohne das Publikum anzuschauen, und verteile stillschweigend die Arbeitsblätter in der Runde.

Wahrscheinlich bin ich nicht die richtige Person hierfür, keine gute Trainerin, nicht professionell und lieb genug. Ich bin ein Mensch und lasse mich nicht ausnutzen und an der Nase herumführen und schmelze nicht, wenn jemand mich jetzt anlächelt. Wenn man Selbstzweifel hat und sich wie ein Verlierer vorkommt, dann kann man sich vor dem Fernseher verschanzen und eine der berüchtigten Doku-Serien schauen, bei denen man schon nach den ersten zwanzig Minuten sein positives Selbstbild zurückbekommt. Wenn man länger aushält, dann sogar das Selbstwertgefühl. Plötzlich hat man das Gefühl, gescheiter und schöner zu sein als die Hauptfiguren, die da auf dem Bildschirm flimmern. Wenn selbst das nicht hilft, dann steckt man in einer tieferen Krise.

Der Doku-Serien-Trick hilft mir heute Abend nicht. Ich gehe die Treppe hoch ins Schlafzimmer: Die Kursteilnehmer brauchen nicht zu denken, dass ich alles verstehen und verzeihen (erste Stufe) und akzeptieren muss (zweite Stufe). Keine interessanten Tätigkeiten mehr (dritte Stufe). Keine Abwechslung (vierte Stufe). So wie es im Buch ist (fünfte Stufe). Erwachsene Menschen (sechste Stufe). Es geht um Verantwortung (siebte Stufe). Eigenverantwortung (achte Stufe). Es reicht (neunte Stufe). Nur noch vier Wochen (zehnte Stufe). Sie halten das schon aus (elfte Stufe). Kein Plan mehr (zwölfte Stufe). Keine individuellen Pläne mehr (dreizehnte Stufe). Wer mag das sein (Stufe vierzehn)? Mein Handy leuchtet auf.

Benachrichtigungen erscheinen auf dem Bildschirm, zehn hintereinander:

„Danke für alles. Gute Nacht"
„Es tut mir leid"
„Sorry, gute Nacht, bis Mittwoch"
„Du bist die beste Lehrerin, sorry, Trainerin"
„Entschuldigung, einen schönen Abend"
„Und trotzdem danke!"
„Du hast Recht gehabt. Ich mach es"
„Du machst es gut, danke"

Ich atme tief durch, setze mich auf die Couch, nehme ein Blatt Papier und fange an, das nächste Training zu planen. Manche Stellen lasse ich frei, einfach so, für kleine Überraschungen, die grenzenlos sind. Sich beim Planen nur an Wissen zu halten, ist nicht immer richtig, das ist mir heute klargeworden, unser Wissen ist sehr begrenzt.

## Das Perfekt.
### Oder: Wechselduschen sind doch gesund, sagt man.

Das Perfekt ist eine wichtige Zeitform in der deutschen Grammatik. In Österreich benutzt man es fast immer, um über Vergangenes zu sprechen. Es aber richtig zu bilden, das hat schon viele Deutschneulinge zur Verzweiflung gebracht.

### Info für die Muttersprachler:

Das deutsche Perfekt wird analytisch gebildet. Die Verbform besteht aus der Personalform der Hilfsverben *haben* oder *sein* und dem aussagenden Verb. Das Hilfsverb wird im Präsens konjugiert. Das aussagende Verb steht stets im Partizip II und ist daher in jeder Person gleich. Das Partizip II wird auch Partizip Perfekt genannt. Die Partizipien werden anstelle von Teilsätzen oder als Adjektiv gebraucht. Das Partizip II dient auch zur Bildung von zusammengesetzten Zeitformen und in Passiv-Konstruktionen: Ich *habe* gestern Fußball *gespielt*. Die Kinder *haben* letzte Woche die Schularbeit *geschrieben*. Am Wochenende *hat* sie viel Spaß *gehabt*.

Folgende Fragen haben bei mir positiven Charakter, daher stelle ich sie oft im Kurs: Was *habt* ihr am Wochenende *gemacht*? Wie *habt* ihr eure Freizeit *verbracht*? Man berichtet doch gerne über ein spannendes Wochenende oder erzählt eine lustige Geschichte aus der Vergangenheit. – Und genau in diesem Moment werfen die Kursteilnehmer einen Blick auf den Zettel mit den unregelmäßigen Verben, den ich verteilt habe.

Fast jedes Verb, das lebenswichtig ist, unterscheidet sich in seiner Präsens- und Perfektform voneinander und muss daher auswendig gelernt werden: *schreiben* – **geschrieben**, *springen* – **gesprungen**, *lesen* – **gelesen**, *ausziehen* – **ausgezogen**, *gehen* – **gegangen**, *sitzen* – **gesessen**. Beim Anblick dieses Grauens überlegt man es sich noch einmal, ob das Wochenende tatsächlich so spannend war, dass es überhaupt der Rede wert wäre.

Ein weiteres „Geschenk" sind die Verben, die ihre Perfekt-Form entweder mit *sein* oder *haben* bilden: Das abwechselnde Abduschen mit transitiven und intransitiven Verben macht jeden, der das Perfekt übt, wenn schon nicht kaputt, dann wenigstens immun gegen jede weitere Regel – ab jetzt sind sie auf alles gefasst! Wie bei einer Wechseldusche beginnen wir mit warmem Wasser, das heißt mit einfachen Verben – *gemacht, gekocht, bestellt, gemalt, gekauft, besucht*. Jetzt ist es wichtig, die passende Temperatur zu finden, das bedeutet in unserem Fall einfach zu sagen, was man gekauft hat, wen man besucht hat. Noch ist das Wasser lauwarm. Wesentlich wärmer wird es, wenn wir zu den unregelmäßigen Verben kommen. Zuerst muss die Grundform erkannt werden: *gelesen* – kommt von *lesen*, *angezogen* – von *anziehen*, *geschrieben* – von *schreiben*. Danach wird die Perfekt-Form in einem Satz oder in einer Frage verwendet: *Hast* du den Brief *gelesen*? *Hast* du die Aufgabe *gelesen*? Je heißer oder kälter das Wasser ist, umso größer ist auch der zu erwartende Effekt. Hier darf man aber auf keinen Fall übertreiben. Ich achte auf die persönliche Wohlfühltemperatur der

Kursteilnehmer, um ihren Kreislauf nicht unnötig und nicht gleich am Anfang des Lernprozesses zu destabilisieren. Man muss dem Körper ausreichend Zeit geben, um sich an die bevorstehende Zustandsänderung zu gewöhnen.

Deutsch wurde nicht nur von Baumeistern, sondern auch von Psychotherapeuten erfunden. Wie sonst kann man die Existenz der Verben erklären, deren Zustand einen ganzen Satz und die psychische Gesundheit der Lernenden beeinflusst? Eine *Zustandsänderung* ist der Übergang eines Systems von einem Zustand in einen anderen. In der Physik spricht man davon, dass eine *Zustandsänderung* umkehrbar oder nicht umkehrbar erfolgen kann. Beim Perfekt eher nicht mehr umkehrbar – hat dich das Perfekt einmal erwischt, dann gibt's keinen Weg zurück.

Mit dem Hilfsverb *sein* wird das Perfekt von Verben gebildet, die eine *Ortsänderung* – von A nach B: kommen, gehen, fahren, springen – ausdrücken. Diese Verben werden als Bewegungsverben bezeichnet: Ich *bin* mit dem Auto *gefahren*. Aber: Ich *habe* dich *gefahren*. Auch eine Gruppe von Verben, die eine *Zustandsänderung* ausdrücken – aufwachen, sterben, verwelken –, bilden das Perfekt mit *sein*. Daraus folgt, dass man, um im Deutschen einen Satz richtig ins Perfekt zu setzen, sein gesamtes Leben Revue passieren lassen muss, das ganze Leben neu überdenken, das Geschehen neu bewerten, weil man sich jedes Mal über jedes Verb Gedanken machen muss.

*Ein Tag im Leben von Ulrike M.* nennt sich eine Lehrbuchübung für das Perfekt. Stefan, Ulrikes Ehemann, ist Lehrer. Ulrike ist zurzeit arbeitslos. Dass Stefan Lehrer ist, macht auf die Kursteilnehmer keinen besonderen Eindruck. Aus Solidarität haben sie wahrscheinlich Mitleid mit den Schülern, denen es wohl genauso wie ihnen geht. Die Tatsache, dass Ulrike arbeitslos ist, wirkt eher beruhigend. Unter der Aufgabenstellung findet man zehn Bilder von verschiedenen Tätigkeiten, denen Ulrike M. nachgeht, und jede von ihnen ist mit einer genauen Zeitangabe versehen. Auf jeder Abbildung ist eine Uhr zu sehen, um die Pünktlichkeit und außerordentliche Diszipliniertheit von Frau M. zu ehren.

Zu jedem Bild müssen die Lernenden einen Satz im Perfekt bilden. Mögliche Varianten sind in Stichwörtern angeführt: *mit den Kindern ans Meer fahren, das Frühstück machen, die Katze füttern, einkaufen, eine Bewerbung schreiben.* Letzteres darf natürlich nicht im Tagesprogramm einer Arbeitsuchenden fehlen und somit dient die brave Ulrike als Vorbild für alle, die momentan gezwungenermaßen mit den Kindern beschäftigt sind und die Haustiere füttern. Die Gruppe sitzt in der Falle zwischen Ulrike, bei der alles nach Plan läuft und die jede Aufgabe begeistert angeht, auf der einen Seite und den Perfektformen auf der anderen:

„Um 8 Uhr hat sie das Frühstück gemacht, um 8 Uhr 30 hat sie den Sohn zum Kindergarten gebringt."

„Nein, bringen im Perfekt?"

„Gebracht."

„Sehr gut. Sagen wir den ganzen Satz richtig."

„Um 8 Uhr 30 hat sie den Sohn zum Kindergarten gebracht."

Geht es nach den Abbildungen im Buch, ist es noch nicht einmal 14 Uhr und der Wundermensch Ulrike hat schon die Familie beglückt und die halbe Welt gerettet. Wir sind immer noch beim sechsten Satz. Ulrikes Katze leidet mittlerweile an Übergewicht, so oft hat man sie schon gefüttert, und aus den Kindern sind Nobelpreisträger geworden, so oft hat man sie zur Schule geschickt und ihre Hausübungen kontrolliert, aber wir bemühen uns vergeblich, *ansehen* mit *haben* und *fahren* mit *sein* richtig zu kombinieren. Ich spüre schon, dass diese Ulrike langsam, aber sicher immer unbeliebter wird. Die Fragestellung *Was glaubt ihr, was hat Ulrike noch gemacht?* löst in mir alle möglichen Minderwertigkeitskomplexe aus und führt ganz offensichtlich auch in der Gruppe zu keiner positiven Zustandsveränderung. Was wir jetzt brauchen, ist der Übergang von *bin eingeschlafen* hin zu *bin aufgestanden.*

„Melika", fange ich langsam an. „Hast du heute das Frühstück gemacht?"

„Jaaa, ja, ich haaabe den, nein, das Frühstück gemaaacht", antwortet sie ein bisschen unsicher.

„Gut, und hast du die Kinder in die Schule gebracht?", frage ich vorsichtig weiter.

„Jaaa, ich haaabe die Kinder in die Schule und zuuum Kindergarten geeebracht", sagt sie und ihr Gesicht hellt sich auf.

„Hast du eingekauft?", geht mein Verhör weiter.

„Ähh, jaaa ich haaabe eingeeekauft."

„Und dein Mann? Hat er dir geholfen?"

„Nein, er hat gearbeiten, gearbeitet."

„Und was noch hat er gemacht?", lasse ich nicht locker.

„Ähh, nix, er arbeitet."

„Also, er arbeitet und du nicht?"

„Nein, ich bin Hausfrau", antwortet Melika verlegen und verwundert.

„Aber du hast viel gemacht. Stimmt's?"

„Ja, stimmt, ich haaabe auch gearbeitet und viel", fällt ihr plötzlich ein.

„Ganz toll. Kannst du Rozan fragen, was er gemacht hat?"

Rozan ist schon angespannt und wartet auf die Frauenattacke.

„Also Rozan, hast du die Wohnung geputzt?", fragt Melika schon sicherer und fröhlicher.

„Nein, ich habe nicht geputzt. Ich habe das Auto repariert", ärgert sich Rozan.

„Reparieren, das Verb endet auf -*ieren*, dann ohne *ge-*", mische ich mich kurz ein.

„Okay, ich habe mein Auto repariert, ohne *ge-*."

„Hast du das Mittagessen gemacht? Hast du die Kinder von der Schule abgeholt?", gibt Melika Gas.

„Nein, ich habe das Auto repariert und die Tür zu Hause!" Rozan ist schon leicht genervt. „Und ich habe die Möbel gebaut."

„Sehr gut, Rozan. Jetzt kannst du jemanden fragen", bringe ich ihn vor Melika in Sicherheit.

„Jamid, was hast du gemacht? Hast du gekocht?", stellt Rozan eine provokative Frage.

„Ja, ich habe gekocht", antwortet er.

„Hey, was? Ich bin habe eingekauft. Nein, ich habe eingekauft und gekocht. Du bist, nein, hast geschlafen", ist Dahid empört.

„Na ja, ich habe geschlafen und bisschen gekocht", korrigiert sich Jamid.

„Na, stimmt nicht. Er hat geschlafen, alle haben geschlafen und gegessen, und ich habe gekocht", gibt Dahid nicht nach.

Es sind junge Leute aus dem Flüchtlingsheim bei mir im Kurs, die, obwohl sie zusammenwohnen und eigentlich zusammenhalten müssten, doch nicht bereit sind, die Heldentaten und die Nicht-Heldentaten von sich und den anderen zu verschweigen.

„Hey, ich habe geschlafen, vielleicht ein bisschen, aber dann die Treppe geputzt. Oben geputzt, unten aufgeräumt", sagt Solih ganz entspannt in seiner ruhigen Art.

„Jaja. Du hast geputzt. Du machst Dreck. Du hast gestern Chips gegessen, und überall war Dreck. Sie haben alle Fußball geschaut, ich habe Deutsch gelernt", versucht Jamid bei mir zu punkten.

„Hahaha. Du hast Deutsch gelernt?! Du hast Karten gespielet! Und ich bin ins Geschäft geeegangen, ich haaabe Reis gekocht und geputzt", erklärt uns Amrak die ganze Wohn- und Lebenssituation.

„Interessant. Und was habt ihr noch so gemacht?", fragt Claudia neugierig und beugt sich vor.

Innerhalb von zehn Minuten füllt sich der Raum mit Gelächter, Geschrei, Energie, Emotionen, Vibrationen und Partizipien II, die sich endlich menschlich anhören. Das Training ist schon seit einer halben Stunde zu Ende. Es ist 21 Uhr 30. Die Ulrike M. aus dem Lehrbuch schaut sich mit ihrem Mann einen Film an und ahnt nicht, dass wir sie mit ihrem Tagesplan schon längst überholt haben. Das Wechselduschen sollte man mit einem Kaltwasserdurchgang abschließen, so erhält man die volle positive Wirkung. Mit einer heißen Diskussion das Training abzuschließen, ist wahrscheinlich dasselbe.

PS: Letzte Woche habe ich Melika am Parkplatz eines Supermarktes getroffen. Sie lief mir lächelnd entgegen, mit strahlenden Augen und fröhlicher Stimme erzählte sie, dass sie einen Job hat, und zwar einen „richtigen": Sie serviert, kocht, bedient, kassiert, hat viel Spaß am Umgang mit ihren Kollegen und den Gästen. Sie hat sich beworben und die Stelle bekommen, erzählt sie im Perfekt. Ihr Perfekt ist nicht ganz perfekt, aber ziemlich gut, und sie bemüht sich, damit ihr Präsens und ihre Zukunft besser werden. Ist das nicht das Ziel des Lernens?

## Reflexion im Weihnachtslicht

Wenn Lichterketten die nach Lebkuchen und Glühwein duftenden Straßen erleuchten, die Christbäu-
me aufgestellt werden und über allem die magische
Vorfreude auf den kommenden dritten Advent liegt,
liegt im Kursraum eine Tabelle mit Reflexivverben auf
dem Tisch und trennbare Präfixe werden mühevoll ge-
trennt. Nichts verkürzt die Wartezeit auf die Ferien
besser als Reflexivverben mit Präpositionalergänzung!
Viele Menschen quälen sich in der Vorweihnachtszeit
mit der Frage, was sie ihren Familien und Freunden
schenken sollen. – „Wann bezieht sich die Handlung
auf mich und wann auf jemand anderen?", ist die Frage,
die uns im Training quält.

### Info für die Muttersprachler:

**Echte reflexive** Verben beziehen sich auf das Subjekt. Einige
dieser Verben sind **nur reflexiv**. Ein Beispiel: *sich auskennen*
*nen* – Ich *kannte mich* nicht aus, ich hatte mich verlaufen.

Andere Verben sind **teilreflexiv**, das heißt: In einer bestimmten Bedeutung sind sie reflexive Verben, in einer anderen Bedeutung aber nicht. In diese Gruppe gehören unter
anderem die Verben *ärgern, aufhalten, ausziehen, verlassen*.
Ein Beispiel dafür: *sich ärgern* – ich *ärgerte mich* über meinen Fehler (reflexiv), *jemanden ärgern* – er *ärgert* gern *seine*
*Schwester* (nicht reflexiv).

**Unechte reflexive** Verben erkennen wir daran, dass wir
das Verb mit der gleichen Bedeutung auch ohne Reflexiv-
pronomen verwenden können: *sich entschuldigen, sich ent-*

*scheiden, sich interessieren* für + Akkusativ, *sich freuen* auf und über + Akkusativ, *sich bewerben, sich kümmern, sich bemühen* um + Akkusativ; *sich erkundigen* nach + Dativ, *sich verabschieden* von + Dativ, *sich beschäftigen* mit + Dativ, *sich vorbereiten* auf + Akkusativ, *sich beschweren, sich aufregen, sich ärgern* über + Akkusativ, *sich verstehen* mit + Dativ.

Schon alleine diese Regeln und Beispiele zu lernen, müsste für den Rest des Lebens reichen, aber das ist nur ein kleiner Teil der Verben, die auswendig gelernt werden müssen, so ungefähr einundsiebzig Verben mit unterschiedlichen Präpositionen, die entweder den Dativ oder den Akkusativ benötigen, manchmal beides – vom Genitiv und der Deklination der Adjektive ganz zu schweigen. All das sollte man einwandfrei in einem Satz wie diesem anwenden können: „Der kranke Sänger denkt an englische Lieder." Oder: „Ich bewerbe mich um eine Stelle als Mechaniker und bereite mich auf das Vorstellungsgespräch vor."

Diesen ganzen Spaß braucht man, um auf Deutsch seine Berufswünsche formulieren zu können. Die Reflexivverben sind dafür da, über das eigene Tun zu reflektieren, um sich über das eigene Dasein Gedanken zu machen.

*Was wünschen Sie sich für Ihren Beruf?*, fragt uns das Kursbuch neugierig. *Sich wünschen?* Das bringt Unruhe in unsere zusammengeschweißten Reihen. Gerade im letzten Kapitel wurde *wünschen* ohne *sich* geschrieben und schon auf den nächsten Seiten wird uns der Boden unter den Füßen gnadenlos weggerissen und alles wieder auf den Kopf gestellt.

In einer Deutschgruppe treffen sich Menschen nicht nur unterschiedlicher Kulturen, Mentalitäten oder Altersgruppen. Sie unterscheiden sich auch durch ihre Aufenthaltsdauer im Land. Anhand ihrer Wünsche an das Berufsleben lässt sich nachvollziehen, wie lange sie schon hier sind:

„Ich wünsche mir nette Kollegen und interessante Aufgaben", sagt Bella, die erst seit sechs Monaten in unserer Ortschaft lebt.

„Ich wünsche mir eine nette Chefin und Spaß", höre ich von den zielstrebigen Geschwistern, die hier seit acht Monaten in die Mittelschule gehen.

„Ich wünsche mir eine nette Chefin und hübsche Kolleginnen", träumt Amran. Er ist Single – und in dem Fall spielen die im Land verbrachten Jahre überhaupt keine Rolle.

Die Wünsche derjenigen, die hier schon etwas länger leben, sind realistischer, und man merkt, dass sie sich eingelebt und viele Kontakte zu den Einheimischen geknüpft haben:

„Ich möchte auf keinen Fall abends oder am Wochenende arbeiten."

„Ich wünsche mir einen Job in der Nähe des Wohnortes und keine körperliche Arbeit."

„Ich wünsche mir jedes Jahr einen langen Urlaub."

Beim Thema Urlaub scheint die korrekte Verwendung von Adjektivendungen und der Fälle auf einmal nicht mehr so schwer zu sein: „Ich möchte nicht im

Sommer arbeiten und genug Urlaub haben." Na ja, in dem Fall kann ich Rashid nur eine Stelle als Weihnachtsmann im Winterdienst oder als Lehrer an einer Volksschule anbieten.

Lehrer oder Lehrerin? LKW-Fahrer oder LKW-Fahrerin? Kindergärtner oder Kindergärtnerin? – *Welche typischen Männer- und Frauenberufe gibt es in Ihrem Land?*, heißt es im Kursbuch, und ich gehe davon aus, dass die Rollenverteilung traditionell wahrgenommen wird: Männer arbeiten als LKW-Fahrer und Automechaniker, Frauen als Krankenschwester und Lehrerinnen. Männer kennen sich mit Technik besser aus, Frauen erziehen oder behandeln diejenigen, die später diese Technik erfolgreich bedienen werden oder sie schon mal erfolglos bedient haben. Um die Lernenden für das Thema zu sensibilisieren, hören wir ein Gespräch über eine Fernfahrerin, die sehr glücklich mit ihrer Berufswahl ist, und über eine Kellnerin, die gerne mal etwas anderes machen würde.

„Frauen sind immer schnell. Sie lernen schnell, denken schnell, für mich einfach zu gefährlich", gibt Kecheli lachend zu. „Ich arbeite besser mit Männern oder alleine."

„Ich möchte mich um kranke Menschen kümmern", sagt leise eine Teilnehmerin aus Afghanistan. „Ich bin in Österreich, um Ärztin zu werden."

„Meine Eltern wollten, dass ich Lehrerin bin. Ich liebe Holz und arbeite gern mit Holz und möchte Tischlerin sein", sagt eine syrische Teilnehmerin. „Ich habe schon hier in einer Werkstatt gearbeitet."

„Echt? Wo? Ich will Tischler lernen. Kann ich mit dir in der Werkstatt üben?", reagiert schnell ein Teilnehmer aus dem Irak.

„Ich bin Kellner, ich war Kellner", meldet sich Arkam. „Ich bewerbe mich als Kellner in Berwang, ich freue mich, ich kann dort viele hübsche Mädchen kennenlernen, in der Werkstatt nicht."

„Ich wünsche mir meinen Pass und dann kann ich eine Ausbildung machen", seufzt traurig ein Teilnehmer aus dem Iran. „Das wünsche ich mir."

„Wollen wir alle einen Brief an den Weihnachtsmann schreiben?", schlage ich vor. „Es ist jetzt Wunderzeit. Wir verwenden dabei *wünschen* + Dativ und die Verben mit den Präpositionen. Nur die Wünsche, die richtig geschrieben sind, gehen in Erfüllung. Der Weihnachtsmann schaut auf die Rechtschreibung", höre ich mich selbst herumkommandieren.

„War er auch bei dir im Kurs?", macht sich Adjmed lustig über mich.

„Mein Mann ist hier am Weihnachtsmarkt, er verkauft Kekse. Er hat sie selbst gebacken", sagt Rosalina schmunzelnd. „Wir können zusammen gehen."

Und das ist die perfekte Motivation für die großen Kinder, ihre schriftliche Aufgabe schnell zu erledigen.

Die ganze Truppe, egal welchen Glaubens, packt ihre Sachen samt Weihnachtsbriefen und macht sich auf den Weg zum Weihnachtsmarkt. Melika erzählt, dass ihr Mann sich sehr um die Kinder kümmert und viel besser mit ihnen spielen kann als sie. Claudia repariert gerne Möbel und ihr Mann macht den leckersten

Strudel der Welt. Oran hat es gerne sauber und ordentlich und ist zu Hause gerne „Putzmann". Von Rahil erfahren wir, dass sein Vater – Elektrotechniker von Beruf – immer die Geschenke eingepackt hat, weil er es immer schöner als die Mama gemacht hat.

Die Schneeflocken reflektieren das Licht der Straßenlampen, wir kaufen und teilen die Kekse, nehmen Punsch und Glühwein und stoßen auf unsere Weihnachtswünsche an, auf alle echten und unechten reflexiven Verben mit jeder möglichen Ergänzung und auf uns, die wir alle aus verschiedenen Kulturen und Religionen kommen und hier zusammen unter diesem einen Christbaum in Tirol stehen.

## Im UhrzeigerWahnsinn

Die innere Uhr ist eine der ältesten biologischen Funktionen, die alle Organismen haben. Wir Menschen haben immer schon im Rhythmus der Natur und somit im Einklang mit ihr gelebt. Unsere innere Uhr wacht über unseren Tagesrhythmus – über den Abendrhythmus meiner Deutschgruppe wachen ich, der Kaffeeautomat im Gang und Elfriede aus Brasilien.

Elfriede ist stets gut gelaunt und hat jederzeit und zu jedem Thema eine Geschichte aus dem Leben ihrer Nachbarn parat. Sie trägt keine Uhr, aber erstaunlicherweise gelingt es ihr immer zu erraten, wann Pause ist. Kurz davor spannen sich unsere verborgenen Stränge an, mein visuelles Signal strömt ins Universum und wird rasch von Elfriede empfangen: Sie schaut mich an, richtet ihre Löwenmähne, nickt mit dem Kopf, lächelt mich dankend an und in dem Moment höre ich meine eigene Stimme: „So, jetzt machen wir zehn Minuten Pause."

Wenn es möglich wäre, die innere Uhr jedes Individuums auf den Rhythmus einer Fremdsprache umzustellen, dann wäre es wahrscheinlich einfacher, eine Sprache zu lernen und alles, was dazugehört, zu begreifen. Es ist nicht gesund, die innere Uhr zu ignorieren. Auf sie zu hören, ist aber schwierig, wenn man die Uhrzeit auf Deutsch lernt. Forscher raten uns ja dazu, uns nach Sonnenauf- und -untergang zu richten und auf den eigenen Körper zu hören – wenn es so wäre, würden viele von Oktober bis Ende März mit ihren kuscheligen Schlafsäcken und Polstern in die Abendkurse kommen. Man könnte daraus ein gemütliches Camping mit Taschenlampen und Kursbüchern unter weichen Decken machen und alles als innovative Lernmethode der „Erlebnispädagogik" bezeichnen.

Nach der „Organuhr", einem Begriff aus der traditionellen chinesischen Medizin, sollen zum Beispiel in der Zeit zwischen siebzehn und neunzehn Uhr unsere Nieren besonders aktiv sein. Von neunzehn bis einundzwanzig Uhr hat sich der Kreislauf warmgelaufen, und in dieser Zeit sollten sich unsere Hauptorgane erholen und entspannen. – Aber genau in diesem Zeitraum müssen wir uns im Kurs besonders bemühen! Zum Glück gibt es auch noch die Chronobiologie, denn laut ihr erreicht unser Körper in diesem abendlichen Zeitraum sein Leistungshoch und ist perfekt für sportliche Betätigung. Super, dass wir in einem Deutsch*training* und nicht in einem Deutsch*unterricht* sind, für uns ist der Abend also die Zeit für den besten Trainingseffekt. Mit diesem Hinweis kann ich sogar die wenig begeisterten Lernenden überzeugen. Muskelaufbau kann ich nicht versprechen, dafür aber einen hohen Kalorienverbrauch durch anstrengendes Mitdenken.

Heute beschäftigen wir uns mit dem Themenkreis *Alltag und Träume*. Die Kursteilnehmer sollten sich vom Wort „Träume" aber nicht ablenken lassen und sich sofort etwas Schönes vorstellen, sondern sich auf regelmäßige und unregelmäßige Verben mit Wechselvokalen im Perfekt konzentrieren, auf Wechselpräpositionen, Situativ-, Direktiv- und Herkunftsergänzungen achten und gleichzeitig noch ein unlösbar erscheinendes Rätsel namens „Uhrzeit" bewältigen. Erst danach wäre ein durchschnittlicher Lernender in der Lage, schön ordentlich und vor allem grammatisch korrekt auf Deutsch zu träumen. Laut Lehrplan müssen selbst ein Traum oder eine Fantasie einen logischen Aufbau haben, am besten in einer chronologischen Reihenfolge, präzise nummeriert, mit exakter Zeit- und Datumsangabe.

Viele Themen lassen sich am besten bildhaft erklären, darum ist ein Flipchart im Deutschtraining immer willkommen. Auch diesmal hätte ich wie üblich ein fertiges Plakat mitbringen und aufhängen können, aber erstens wäre es nicht so spannend gewesen, zweitens würde es in diesem Fall einen Schock auslösen und drittens würde sich die Gruppe in den Lernprozess nicht richtig einbringen, weil sie das Bild schnell abfotografieren und ebenso schnell vergessen würde.

Mit dem Stift ziehe ich langsam einen Kreis am Whiteboard. Daraus würde bald ein Zifferblatt entstehen, danach könnte ich den Kreis in vier Teile teilen, innerhalb von jedem Teil die vollen Stunden mit fetten und die Minuten mit dünnen Strichen markieren. Während ich mit dem Stift von einem Punkt zum anderen fahre, in der Hoffnung, dass sie sich treffen, verfolge ich mit einem Seitenblick meines geschulten Lehrerauges, wie die Köpfe der Teilnehmenden dem Stift folgen, als wäre es eine Aufwärmübung vor einem harten Training. In der Sportwissenschaft nimmt man an, dass eine neue komplexe Bewegung etwa tausendfünfhundertmal gemacht werden muss, bevor sie zum Bestandteil des Bewegungsrepertoires wird. Und um eine Bewegung sauber ausführen zu können, muss man sie zuerst *verstehen*. Bevor wir uns also an die anspruchsvollen Kraftübungen wagen, sollten wir uns erst auf die kleinen Details konzentrieren. Und das tun auch wir im Deutschtraining: Zuerst kommt die volle Stunde, danach arbeiten wir uns Stück für Stück voran: die halbe Stunde, die Viertelstunde und so weiter.

In der Sprache bzw. in der Grammatik ist die lineare Darstellung der Zeit grob betrachtet sehr einfach: Gegenwart, Vergangenheit und Zukunft. Albert Einstein funkt uns hier dazwischen, wenn er sagt, dass Vergangenheit, Gegenwart und Zukunft nur Illusionen seien. – Für einen Physiker vielleicht schon, aber für jemanden, der Deutsch lernt, sind sie mehr als realistisch. Der Vorstellung, dass die Zeit fließt, also mit Bewegung zu tun hat, kommt bei der deutschen Sprache eine große Bedeutung zu, immerhin gibt es selbst bei der Bildung der Vergangenheitsform einen Unterschied zwischen den Verben der „Bewegung" und „Nicht-Bewegung".

### Info für die Muttersprachler:

Die meisten Verben bilden das Perfekt mit *haben*, einige bilden es aber mit *sein*. Und es gibt nicht wenige Verben, die das Perfekt sowohl mit *haben* als auch mit *sein* bilden. Bei der Entscheidung, ob das Perfekt in diesem Fall mit *haben* oder *sein* gebildet wird, helfen, wie behauptet wird, folgende Regeln: *Fortbewegung* ⟹ *sein*, Aktivität *ohne Fortbe-wegung* ⟹ *sein/haben*. Verben, die eine Fortbewegung ausdrücken, bilden das Perfekt mit *sein*. Wenn sie aber mit einem Akkusativ stehen, so bilden sie das Perfekt mit *ha-ben*: Ich *bin* mit dem Auto *gefahren*. Aber: Ich *habe das Auto gefahren*.

Die Zeit fließt und dehnt sich. Diese Zeitdehnung exis-tiert tatsächlich – in der Physik und im Deutschtrai-ning. Bei uns im Kurs dehnt sich die Zeit meistens dort, wo unterschiedliche Denkmuster aufeinandertreffen, wo verschiedene Kulturen in einem Raum nach dem österreichischen Zeitplan die Uhrzeit auf Deutsch ler-nen müssen.

Mit der Zeit stellte ich fest, dass es eine Reihe von „Zeitkonzepten" gibt. Nicht einmal das Erlernen der Sprache, ein anderes Klima oder eine andere Küche sind so gewöhnungsbedürftig wie die Uhrzeit – oder konkreter: die Pünktlichkeit. In seinem Buch „Eine Landkarte der Zeit" gibt Robert Levine die Ergebnisse einer Studie wieder, wonach das Thema Pünktlichkeit die zweitwichtigste Ursache eines Kulturschocks bei Auslandsaufenthalten bildet. Eine ähnliche Studie in Österreich kenne ich nicht, aber vom Kulturschock blieb ich deswegen nicht verschont. Nicht nur der Zug, der um 17:01 abfahren müsste, fährt tatsächlich um 17:01 ab, sondern auch die Bahn streikt um Punkt 12 Uhr – alles laut Fahr- und Streikplan. Noch pünktli-cher sind Streik und Schienenersatz auf dem Weg von Innsbruck ins Außerfern, auf der Strecke von Mittenwald nach Garmisch: Wenn dort gestreikt wird, dann meistens nach der Mittagspause – auf leeren Magen lässt es sich bekanntlich nicht gut streiken.

Man kann die Zeit in Einheiten unterteilen, man kann sie messen, man kann lernen, die Uhrzeit richtig anzugeben – aber das eigene Lebenstempo sowie die persönliche Vorstellung von Pünktlichkeit können sich von Mensch zu Mensch erheblich unterscheiden. Einmal las ich in einem Artikel über die Grundfaktoren, die das Tempo eines Landes bestimmen. Ein wärmeres Klima ermuntert die Menschen angeblich dazu, die Zeit mit angenehmeren Dingen zu verbringen, als sich zu stressen, darum ist das Lebenstempo dort etwas langsamer. In den Bergen aber steht uns nichts im Wege. Nicht umsonst, denke ich mir, finden die Kurse fast immer in der dunkelsten und kältesten Jahreszeit statt, um jeden Gedanken an eine angenehmere Beschäftigung bis zum Sommer aus dem Weg zu räumen. Aus Respekt für das gesellschaftliche Ordnungsgefühl lernen wir die Uhrzeit so genau, wie es nur geht. Wir sind nicht nur multikulturell, wir sind auch multitemporal!

*Wie spät ist es? Ergänzen Sie.* – Höflich lädt uns die anspruchsvolle Aufgabenstellung zur kooperativen Zusammenarbeit ein. 6:16 – sechs Uhr sechzehn, 15:08 – fünfzehn Uhr acht und so weiter. Die Richtung der Gedanken ist vorgeschrieben. Es funktioniert gut, weil man nur automatisch abliest und die Zahlen nennt. Keiner bringt es in Verbindung mit einer Uhrzeit im Alltag, denn was würde schon tatsächlich um eine solche Uhrzeit stattfinden – um 15:08 oder um 22:58? Im Kurs wird brav abgelesen und ausgesprochen.

Bei der nächsten Übung müssen die Minuten vor und nach einer vollen Stunde genannt werden, zum Beispiel 17:24 – vierundzwanzig nach fünf.

„Wohin fährst du morgen?", frage ich Niklas, der heute etwas konzentrierter ausschaut als sonst.

„Nach Memmingen?", antwortet er mit fragender Intonation. Ich bin es schon gewohnt, auf jede meiner Fragen eine Gegenfrage als Antwort zu bekommen.

„Und wann fährt der Bus?"

„Der Bus? Nach Memmingen?", fragt und antwortet er gleichzeitig verwundert.

„Fährst du mit dem Zug oder mit dem Bus?"

„Ich? Nach Memmingen? Mit dem Auto."

„Okay, wann beginnt deine Schicht?", gebe ich nicht auf.

„Meine Schicht? In Memmingen? Umm ... acht Uhr."

„Super, und stell dir vor: Dein Chef sagt, du musst morgen um diese Uhrzeit kommen." Ich schreibe 7:20 auf das Whiteboard. „Also, wann musst du morgen anfangen?"

„Um sieben Uhr zwanzig Minuten?! Aber, falsch", schüttelt Niklas den Kopf.

„Warum? Alles ist richtig. Um sieben Uhr zwanzig. Um zwanzig nach sieben."

„Ja, hier richtig, aber nicht in Memmingen. In Memmingen um acht Uhr."

Es könnte sein, dass in Memmingen nicht nur ein anderer Dialekt gesprochen wird, sondern der Ort auch in einer anderen Zeitzone liegt, und zwar weit außerhalb der Komfortzone von Niklas, sonst wäre er nicht so sicher. Als ich herausgefunden hatte, dass er generell zur ganzen Welt wenig Vertrauen hat und nicht alles glaubt, was seine Augen sehen, nahm ich sein Misstrauen nicht mehr persönlich. Nach unserer ersten Begegnung war ich mir ja selbst bei gar nichts mehr sicher, nach ein paar Stunden sahen selbst das Textbuch und der Kursraum höchst verdächtig aus. So wie es ausschaut, findet er auch dieses Thema nicht vertrauenswürdig, mich zu suspekt und meine Fragen misstrauisch. „Wozu diese Genauigkeit, was will sie wissen?", scheint sein Blick zu fragen, wenn er mich beobachtet und dabei die Augen zusammenkneift.

Als wir in der Übung bei 17:51 ankommen, hat die Herausforderung ihr vorläufiges Maximum erreicht: „Es ist neun vor ...", fängt Rashid langsam an. Seinen Augen- und Mundbewegungen nach zu urteilen, zählt er gerade die nachfolgenden Stunden und versucht, diese mit einer Zahl von 0 bis 10 zu verknüpfen. „Vor ... achtzehn, achtzehn ist sechs, dann vor sechs. Es ist neun vor sechs", verkündet er nachdenklich. Die anderen schreiben währenddessen hektisch mit. Geschafft! Wir kriegen auch diese Hürde perfekt hin – bis wir zu den „dramatischen" Uhrzeiten kommen. *Veras Terminkalender* steht als Nächstes auf dem Abendprogramm, und die Frau auf dem Bild im Buch wirkt wie die personifizierte Disziplin, allerdings in einer sehr komplizierten Form: Nicht nur ihre Werktage platzen vor Terminen und Aufgaben, sondern auch die Feiertage sind so penibel organisiert, dass Vera genau weiß, wie und vor allem wann sie sich entspannen wird.

„Um fünf vor halb sieben steht Vera am Montag auf", leite ich die Übung ein. „Wir nennen das Datum, die Uhrzeit und die Tätigkeit. Dabei achten wir nicht nur auf die Endungen, die Präpositionen und die trennbaren Präfixe, sondern auch auf das Akkusativobjekt, und bitte die Artikel nicht vergessen." Es klingt so, als würden wir uns auf eine militärische Operation vorbereiten. „Also, es ist nicht schwer, wir schaffen das", motiviere ich die Gruppe. Einige fröhliche Gesichter unterstützen mich mit einem Lächeln, die anderen überlassen es ihrem Schicksal.

„Wie ist das Thema?", fragt jemand plötzlich unsicher.

„Alltag und Träume", antworte ich gelassen.

„Ach so, Träume. Die Uhrzeit, der Plan. Ja, Träume", zieht die Stimme die Bilanz.

„Na ja, eigentlich schon komisch", denke ich mir. „Der einundzwanzigste Mai, sechzehn Uhr fünfundzwanzig – den Pass abholen, so steht es im Kalender. Wann muss Vera den Pass abholen?", frage ich.

„Um halb siebzehn, äh … nein, um halb fünf", schlägt der Teil der Gruppe vor, der rechts von mir sitzt.

„Na, um zwanzig nach fünf", ruft die linke Seite, die gerne aus der Reihe tanzt.

„Was sagst du?", frage ich Kecheli, der alle skeptisch anschaut.

„Heute, heute, bis fünf", lacht er und schlägt hoffnungslos die Hände über dem Kopf zusammen. Ja, genauso wie ich es vermutet habe: Wir sind tatsächlich multitemporal.

„Aber was ist mit den fünf Minuten?", möchte ich trotzdem wissen. „Also probieren wir es noch einmal. Erstens, am einundzwanzigsten Mai. Die Präposition *am*, *an* plus *dem*, dann folgt die Zahl mit *-en* am Ende. Okay? Und die Uhrzeit. Ist es halb fünf? Nein. Es ist fünf vor halb fünf." An meinem schönen Zifferblatt am Whiteboard zeichne ich einen Pfeil, der die „Vor- und die Nachstelle" markiert. Am Freitag, dem 13., fährt Vera, die nicht einmal das offensichtlich unglückliche Datum aus dem Konzept bringen kann, nach Zürich. Der Zug fährt laut Kalender um 8:25.

„Der Zug fährt zu früh", bemerkt Lizard.

„Wie nach Memmingen", stimmt Niklas ihm zu.

„Ja, ja, für dich. Du schläft bis zehn", kringelt sich Sahid vor Lachen.

„Du *schläfst*", betont Lizard und schaut den Gesprächspartner streng an.

Mir ist schon klar, diese Uhrzeit ist nichts für meine Freigeister im Kurs, die Struktur müsste ich in ihren Alltag noch einbringen, wir üben weiter. Veras Tagesplan ähnelt dem Protokoll eines Raketenstarts. „Gut, wann, an welchem Tag fährt der Zug nach Zürich?"

„Am einundzwanzigs... Mai, am einundzwanzigs*ten* Mai."

„Perfekt, wann hast du Geburtstag, Marscha?"

„Im Juni. Am sechsundzwanzigst..., am sechsundzwanzigs*ten* Juni. Und du?", fragt sie mich neugierig.

„Am dreißigsten Dezember, drei-ßig-*sten*", spreche ich so deutlich und langsam, wie ich kann, als müsste sich jeder das Datum sofort und für immer merken.

„Und ist es immer so?", fragt Jamid.

„Sorry, wie immer? Was meinst du?" Ich bin ein bisschen perplex.

„Na ja, immer *am* dreißigs*ten* Dezember?"

„Na ja, eigentlich schon, jedes Jahr gleich, schon seit Jahren, ich feiere immer am dreißigsten, ich fange zumindest an damit."

„Na, ich meine, das Datum, also dreißig – am drei-ßig*sten*, zwanzig, am zwanzig*sten*, das meine ich", lacht er verlegen und der Rest der Gruppe mit.

Und schon wieder einmal verstehe ich diesen unausgesprochenen Zweifel an allem, was die Grammatik betrifft: Man kann ja nie wissen, in welche Falle sie noch tappen würden und welche Gefahr die nächste Deklination verbirgt.

Die Zeit drängt, in diesem Tempo kommen wir nie zum nächsten Kapitel und werden wahrscheinlich nie lernen, das Leben mit der deutschen Genauigkeit richtig zu planen. Ich kündige eine zehnminütige Pause an und höre kurz danach das Summen des Kaffeeautomaten und das Klingeln der Münzen am Fliesenboden. Wir sind, wenn nicht die Letzten im Gebäude, dann sicherlich die Lautesten hier. Auf dem Weg zum Automaten sehe ich, wie sie miteinander über irgendwas diskutieren und Janet auf ihr Handgelenk zeigt, dann dreht sie sich um, läuft zu mir, zeigt auf einen Punkt auf ihrem Handgelenk und fragt, wie das heißt. Ich nehme an, sie meint den Puls, und habe recht. Sie bedankt sich und mir fällt plötzlich etwas ein. „Danke dir!", schreie ich zurück. „Ja genau, das ist es! Am Puls der Zeit statt nach Veras Zeitplan!"

Ich renne zurück in den Raum, lasse irgendwo meinen Kaffee stehen, wische das Zifferblatt weg. Alle, die heute zum Lernen der Uhrzeit verurteilt sind, nehmen langsam wieder ihre Plätze ein.

„So, wann ist das Fußballspiel?", frage ich die Gruppe.

„Äh ... heute, am Abend", antworten die Fußballfans überrascht.

„Um wie viel Uhr? Wer weiß Bescheid?"

„Um einundzwanzig Uhr fünfundzwanzig Minuten", sagt Jamid.

„Gut, also um halb zehn, oder?"

„Nein, nein, um einundzwanzig Uhr fünfundzwanzig Minuten", korrigiert er mich.

„Ist es nicht egal? Es ist ja fast halb zehn. Wann müsst ihr zu Hause sein?"

„Also, um zwanzig nach ... neun am Abend. Das Spiel ist um ähh ... fünf vor halb zehn", antwortet Rozan resolut.

„Und Kecheli, bei dir? Du gehst in die Disco, oder?"

„Ja, schon", antwortet er verlegen.

„Okay, deine Freundin sagt, ihr trefft euch um zweiundzwanzig Uhr fünfunddreißig vor der Disco. Also, wann trefft ihr euch, um elf Uhr am Abend? Stimmt's?"

„Nein, nein", antwortet er leicht aufgeregt. „Nicht um elf Uhr. Um fünf nach halb elf."

„Super, weiter. Mirjana, der Elternsprechtag in der Schule ist um fünfzehn Uhr. Wann musst du dort sein?"

„Ich bin um zehn vooor drei Uhr am Nachmittag da", schießt sie los.

„Toll. Elfriede, dein Termin bei der Friseurin ist um sechzehn Uhr dreißig. Wann musst du im Salon sein?"

„Ja, natürlich um zwanzig nach vier ooooder fünf nach, nein, vor halb fünf."

„Super, morgen ist Sale in Kempten. Wann fährt der Zug ab?"

„Du kannst über Memmingen auch", empfiehlt Niklas.

„Ich, ich, ich weiß", Tina streckt ungeduldig ihre Hand nach oben. „Der Zug fährt um neun Uhr elf Minuten, oder um elf nach neun."

„Perfekt, jetzt stellen wir uns Folgendes vor: Euer Auto ist kaputt, es gibt nur einen freien Termin, morgen um Viertel nach sechs am Abend. Wann müsst ihr in der Werkstatt sein?"

Ich merke die Aufregung in der Runde trotz der späten Stunde. In Memmingen ist die Lage wahrscheinlich ähnlich, darum denkt Niklas mit. Jetzt geht es um Leben und Tod. Mittlerweile haben schon alle gelernt, wie schwer es ist, irgendwo einen Termin zu bekommen, und wie lange man darauf warten muss. Es ist Viertel nach acht. Dass ein Viertel und fünfzehn Minuten dasselbe bedeuten, lässt sich vom Whiteboard leicht ablesen, ist aber schwer zu begreifen.

„Es ist achtzehn Uhr fünfzehn. Oder? Ooooder?", fragend blicke ich in die Runde und auf die Karteikarten mit der Uhrzeit. Die Varianten lassen nicht lange auf sich warten:

„Achtzehn Uhr und fünfzehn nach."

„Fünfzehn Minuten nach achtzehn."

„Achtzehn und fünfzehn Minuten."

„Also, hier noch einmal, schauen wir alle her: fünfzehn Minuten. Eine Stunde hat sechzig Minuten. Die volle Stunde. Fünfzehn Minuten sind ein Viertel, ein Viertel. Fünfzehn Minuten nach sechs oder ...?"

„Oder Viertel nach sechs", unterbricht mich Niklas ungeduldig und ihm fällt ein Stein vom Herzen – er weiß, dass er recht hat.

„Richtig! super!", freue ich mich.

„Kastanien!", schreit jemand auf. „Viertel ist die Tüte. Vier Euro fünfzig."

„Wunderbar. Schön, dass die Preise so gut verankert sind, es hilft uns aber nicht, es geht um die Uhrzeit", denke ich mir. „Warum Kastanien, Szimar?", frage ich seufzend und da fällt mir plötzlich ein, dass das stimmt. Na klar, vier Euro fünfzig, so viel kostet ein Viertel Kastanien. „Ja, Szimar. Super, also – es ist Viertel (Kastanien) nach sechs. Gut, also der Reihe nach, ich zeige die Karten mit der Uhrzeit."

Rozan: „Es ist Viertel nach sechs."

Tina: „Es ist Viertel nach zwei."

Jamid: „Es ist Viertel vor sieben, nein nach sieben."

„Es ist Viertel nach acht", nickt Elfriede.

„Es ist Viertel vor neun", antwortet Rahil.

„Nein, schau bitte noch mal auf die Karte."

„Da, hier, ist Viertel vor neun", streckt er die Hand aus und zeigt auf seine Uhr.

Ich habe schon verstanden, worauf er hinauswill.

„Ganz toll gemacht, Leute. Wir machen jetzt Schluss. Die Hausübung."

„Unglaublich, die Chronobiologen haben recht gehabt: Wir haben es tatsächlich zwischen zwanzig und einundzwanzig Uhr hingekriegt. Lang leben die Kastanien! Ich muss schauen, wie viel eine dreiviertelvolle Tüte bei uns kostet, einfach so für alle Fälle", denke ich mir.

## Gefangen im Glück

*Welche Träume haben Sie? Welche Träume haben Sie schon realisiert und welche Wünsche haben Sie schon erfüllt?* – Die Verfasser des neuen Kursbuches für die Stufe B1 haben sich Gedanken gemacht, wie sie die Lernenden anlocken können, damit sich jeder gleich angesprochen fühlt und eine positive Einstellung gegenüber dem Lernstoff entwickelt. Es gibt nur wenige, die sich von der bunten Verpackung nicht täuschen lassen, weil sie schon die zahlreichen Übungen zu den neuen Regeln und mehrere Tabellen mit Vokabeln am Ende des Buches entdeckt haben. An ihren Blicken lässt sich ablesen, dass sie das Ganze als eine böse Verschwörung wahrnehmen.

Gleich daneben sieht man fröhliche und sorglose Gesichter derjenigen, die abends schon seit Langem nicht mehr ihr Zuhause verlassen haben und sich aufrichtig freuen, endlich mal woanders etwas zu erleben, das nichts mit Familienleben oder Haushalt zu tun hat. Das Bauchgefühl sagt ihnen zwar, dass sie hier andere Sorgen haben werden, aber vielleicht kommen ja auch ein paar nette Momente auf sie zu. Ein anderer Teil der Gruppe ist aktiv mit seinen Handys beschäftigt und versucht offenbar, sich selbst zu orten, weil ihnen alles merkwürdig und verdächtig vorkommt: der Raum, das Licht, die Ordner, die Stifte und die Bücher, die wohl nicht bloß zum Anschauen da sind. Ob sie hier richtig sind, wissen sie noch nicht, sie trauen sich aber auch nicht, nach der Art und dem Ziel der Veranstaltung zu fragen. Bei Kursbeginn schreibe ich zur Beruhigung immer das Datum auf und verteile die Listen mit den wichtigsten Informationen zum Kurs. Mein „Herzlich-willkommen-im-Deutschtraining"-Flipchart in den besten Traditionen jedes Weiterbildungskurses verleiht dem Raum eine fröhliche Note und gibt mir die Sicherheit, zumindest den Anfang des Trainings richtig gestaltet zu haben. Der Moderationskoffer ist auch da, so wie ich es in den Trainerworkshops gelernt habe.

Manche blicken mich sehr erwartungsvoll an, und genau das sind die Blicke, die das größte Verantwortungsgefühl in mir hervorrufen. Die Teilnehmer haben auf dieses Treffen gewartet und wissen, warum sie hier sind. Sie beobachten meine Mimik und Gestik, um herauszufinden, ob ihre Erwartungen in meiner Begleitung tatsächlich erfüllt werden. Sie haben aber auch nicht erwartet, dass ich jeden Einzelnen schon vor der Tür mit Namen begrüße und jedem einen guten Start wünsche.

Eine schwangere Dame hat auch nicht erwartet, dass extra für sie ein Stuhl gestellt wird, falls sie ihre Füße hochlegen möchte. Der ältere Herr mit der Brille hat auch nicht erwartet, dass die Pinnwand in die Mitte gestellt wird, gleich neben ihn. Keiner hat erwartet, gefragt zu werden, ob er Hunger hat und noch etwas schnell vom Automaten holen möchten. Alles kommt ihnen komisch vor. Womit sie aber gar nicht rechnen, ist meine Frage nach ihren Erwartungen.

„Warum seid ihr hier?", ist meine erste Frage. „Wenn man schon die Anfängerkurse besucht hat und hier länger lebt und auch einen Job hat, kann man ziemlich gut mit der Welt kommunizieren, oder?"

„Ich möchte meine Deutschkenntnisse verbessern", ist die übliche und schnelle Antwort, die zu meiner nächsten Frage führt.

„Warum musst du sie verbessern? Du sprichst schon Deutsch."

Der Raum versenkt sich in Stille und man hört, wie die Gedanken rotieren. Diejenigen, die sich endlich geortet haben, versuchen herauszukriegen, wonach ich eigentlich frage, und schauen sich besorgt um. – Werden wir jetzt überwacht? Wird alles protokolliert? Wozu diese Frage, wenn wir eh schon da sind?

Sie haben ja irgendwie recht, nur geht es mir darum zu erfahren, ob es ihnen bewusst ist, was sie hier tun werden, womit sie ihre kostbare Zeit verbringen werden, weil ich niemanden von spannenden Fußballspielen im Fernsehen oder vom Testen köstlicher Kochrezepte abhalten möchte.

„Ich brauche die Deutschprüfung für mein Visum. Ich will meinen Bruder im USA besuchen. Mit meiner Pass ich kann jetzt nicht", seufzt Kajla.

„Das ist meine Chance. Ich möchte arbeiten. Für meine Kinder."

„Ich bin nicht sicher. Man sagt etwas, ich verstehe, Witze zum Beispiel, ich bin auch lustig, ich kann Witze machen, aber kann ich nicht antworten, aber ich will viel sagen."

„Meine Tochter geht in die Schule. Jetzt ist noch alles einfach. Aber dann, später, ich möchte helfen, ich will selber wissen: Ist es richtig oder nicht?"

„Ich kann schon Deutsch. Ich spreche Deutsch immer. Aber ich arbeite in der Küche. Da redet man wenig und fast immer falsch, nur Dialekt. Ich will aber eine Ausbildung hier und einen besseren Job."

„Ich brauche Deutsch für Freunde. Ich möchte hier Freunde haben."

Dafür bin ich da. Deutsch an sich ist kein Wunsch. „Deutschkenntnisse verbessern" klingt für mich ziemlich abstrakt und nicht besonders zielführend. Freundschaft, Job, Ausbildung, Familie, Unterstützung – das sind die Wünsche und die Beweggründe, in den Kurs zu kommen. Damit die Träume nicht nur auf dem Whiteboard zusammengefasst sind, sondern auch im Kopf festgehalten bleiben, hilft uns Deutsch, sie in Ziele umzuwandeln. Die Vermutung der scharf blickenden Teilnehmer hat sich bestätigt – jetzt wird gelernt. Sie müssen diesen Schicksalsschlag mit Würde ertragen und schlagen das Heft auf.

Die Konstruktion *um ... zu* gibt allem die Klarheit, besteht aber leider aus zwei Teilen und ist mit Abstand die unbeliebteste Quälerei, weil man normalerweise nur das *um* kurzfristig speichern kann und das *zu* mit dem Verb total verloren geht. Oder man merkt sich das *zu*, vergisst aber das passende Verb, was wiederum den ganzen Satz ruiniert. Wünsche und Erwartungen verwandeln sich in Ziele, wenn sie nur von uns selbst und nicht vom Wetter, von der Stimmung der Schwiegermutter, den Kindern oder der Regierungspartei und dem Mondkalender abhängig sind.

*Ich lerne Deutsch, um ... zu ...* – oder eine andere Variante: *Mein Ziel ist ...* – Nach fast einer Stunde Wiederholung kann man sich endlich mal beim Satz *Mein Traum ist ...* ein bisschen ausruhen. Am positivsten wird die Frage *Welchen Traum haben Sie schon erfüllt?* aufgenommen. Langsam entspannen sich auch diejenigen, die vor einer Stunde weder sich selbst noch jemand anderem in der Runde vertraut haben. Man merkt ihnen an, dass sie jetzt angekommen sind. Nach drei Stunden sind die neuen Verben und die Vokabeln schon so gut einstudiert, dass keiner mehr an der Frage zweifelt, warum er im Kurs sitzt: um seinen „größten Traum zu erfüllen", und zwar „um Deutsch richtig zu sprechen". Die angeklebte Vignette verdoppelt bekanntlich den Wert des Autos genauso wenig, wie nur der Besuch eines Deutschkurses aus einem einen Goethe zaubert. Es geht nicht darum, *dass* man im Kurs sitzt, sondern dass man dort etwas *mitbekommt*.

Man diskutiert über eigene Träume, setzt sich Ziele, unterhält sich über Freundschaft, Partnerschaft, reflektiert über Charaktereigenschaften, die Unterstützung der Freunde und Bekannten. *Liebe – Freundschaft – Familie – Beruf. Was steht für Sie an erster Stelle und warum?* – Diese Frage ist schwieriger als jede Übung zur Grammatik, weil jeder sich selbst Gedanken über sein Wertesystem machen muss. Man kann nicht mit den Worten des Sitznachbarn die Frage beantworten – jetzt steht man selbst im Mittelpunkt.

„Ich bin Single, darum steht Beruf für mich an erster Stelle, da kann ich meine Träume realisieren", antwortet Alexander sehr selbstbewusst.

„Oh, und ich bin verheiratet und habe zwei Kinder! Darum ist mein Beruf die Nummer 1 für mich", lacht Dilara.

„Freunde geben mir Kraft. Manchmal mehr als die Familie. Und nach den Feiertagen bin ich froh, dass ich arbeite. Also, Freundschaft, Beruf, Familie", antwortet Maria.

„Liebe, natürlich", sagt Amhed. „Ich sehe eine hübsche Frau und kann nicht mehr denken und arbeiten. Wenn meine Freunde sie sehen, dann muss ich kämpfen, ich muss mich bemühen. Und meine Eltern sind mir wichtig. Also, Liebe, Familie, Freundschaft, Beruf." Amhed ist eine einzigartige Persönlichkeit mit einem ausgeprägten Sinn für das Schöne: Selbst wenn ich nur Beispiele zu einer Regel auf das Whiteboard schreibe, lernt er schneller, wenn ich bunte Stifte benutze. Darum merkt er sich wahrscheinlich alles, was auf den Karteikarten steht, mit denen ich den Raum wie einen Christbaum schmücke.

„Nein, nein. Das ist keine Liebe. Das ist alles Flirt. Liebe ist nicht für ein paar Minuten, weißt du das?", widerspricht Sahid vorwurfsvoll. „Liebe ist Arbeit. Du musst dich jeden Tag bemühen."

Amhed regt sich langsam auf. Ich halte schon die Karteikarten mit neuen Vokabeln zum Thema Eigenschaften bereit, damit ich seine Aufmerksamkeit im richtigen Moment in die richtige Richtung lenken kann.

„Weißt du, ich bin nicht so, wie viele über uns denken. Alle denken, ja sie kommen her und tun nichts, wollen nur Mädchen haben. Stimmt nicht." In dem Moment gebe ich ihm ein Signal und zeige auf die Eigenschaften auf den wunderschönen Karten. „Äh ... ich bin ver-ant-wortungsbewusst und offen und verständnisvoll und ehrlich. Wenn ich ein Mädchen mag, dann sage ich das. Das ist mein Herz", gesteht uns Amhed die Wahrheit. „Und ich bin gut aussehend." Den letzten Satz spricht er schon ohne meine Hilfe und Karteikarten aus.

„Ja, echte Männer sind heutzutage selten, wenn ich einen treffe, dann ist er schon ein Held", sagt Alla.

„Und ich? Ich bin aber da", lacht Amhed zurück.

Und weiter geht es mit den Helden und dem Glücklichsein, obwohl es eigentlich nicht im Lehrplan steht. Ich habe keine Wahl, ich höre nur zu und weise ab und zu auf die neuen Vokabeln hin, die man beim Sprechen verwenden soll. Sie lernen schnell und effektiv, wenn sie Emotion zeigen. Und es gefällt mir, in diesem Flow zu sein und mitzuschwimmen, besonders mit denjenigen, die sich vor ein paar Stunden noch nicht getraut haben, ins Wasser zu steigen.

Im Laufe der angeregten Diskussion ergibt sich zu meiner großen Verwunderung, dass für fast alle Frauen Beruf und Liebe an erster Stelle stehen. Das liegt vielleicht an der Leidenschaft der Frauen, alles wie ein Projekt zu betrachten und mit Energie und Liebe zu verbessern, weil es nie gut genug sein kann. Von den Männern habe ich mir ehrlich gesagt erwartet, dass

Karriere und Freundschaft wichtiger sind. Falsch gedacht: Familie und Liebe gefolgt von Freundschaft sind die einzigen Prioritäten. Der Beruf wird meistens ausschließlich im Zusammenhang mit Geld erwähnt.

Die Kursteilnehmer kommen mit ihren Erwartungen, und auch ich habe viele. Das Beste ist aber das, was ich eigentlich gar nicht so gerne mag, und zwar das Unerwartete. Wenn das eine Unerwartete auf das andere Unerwartete trifft, dann ist man nicht mehr im Kurs, sondern mitten im Leben, und erst dann begreift man den Sinn des Deutschlernens.

## Es geht auch ohne Facebook

Facebook hat eine geniale Funktion, und zwar die „Erinnerungsfunktion" – es reicht schon, an einem gewissen Tag etwas zu posten und du kannst diese Erinnerungen nicht mehr loswerden. *Es ist schön, Erinnerungen wach zu halten. Wir könnten uns vorstellen, dass du gern an diesen Beitrag von vor ... 1 Jahr, 2 Jahren, 5 Jahren zurückdenkst.* – Das teilt mir Facebook mit. Ohne diese und andere Funktionen würden wir uns wahrscheinlich selten an die schönen Momente erinnern, wir würden die Geburtstage und die Namen vieler Bekannter vergessen und nie in ihre Gläser und Teller reinschauen und virtuell „mitessen" können und wir würden nie an wichtigen Veranstaltungen in unserer Nähe teilnehmen. Es gibt jedoch Momente, die nirgendwo gepostet oder schriftlich fixiert wurden, aber deswegen nicht weniger wertvoll sind. Sie werden in unserem Inneren als wichtiger, gefühlsbetonter Beitrag gespeichert, an den man ohne jede Hilfe sozialer Netzwerke gerne zurückdenkt.

Die Tür ist einen kleinen Spalt geöffnet und das Licht schimmert durch. Das erstaunt mich, denn es bedeutet, dass heute jemand schneller und begeisterter war als ich. Mittlerweile haben wir es so weit geschafft, dass mich schon fast alle um zehn vor sechs fröhlich begrüßen. Diejenigen, die bis fünf Uhr arbeiten, dürfen ihre Freude um Punkt achtzehn Uhr kundtun. Aber jetzt ist es erst halb sechs und auf dem Tisch steht eine kleine

Vase mit frisch geschnittenen und duftenden Pfingst-rosen, deren schwere Blüten über den Vasenrand hän-gen, als würden sie sich tief vor mir verbeugen. Diese kleine Geste der Aufmerksamkeit ist rührend.

„Ich habe sie heute im Garten geschnitten, wir ha-ben voll viele. Jetzt regnet es oft und sie werden dann kaputt. Mein Mann mag sie nicht, aber ich finde sie sehr schön. Und du?", sagt meine Kursteilnehmerin Anina.

„Danke, vielen Dank. Sie riechen wunderschön! Ich liebe Pfingstrosen", antworte ich leise und merke, wie der Rosenduft mir ein Lächeln ins Gesicht zaubert.

Anina ist eine Person, bei der ich mir wie ein Ora-kel vorkomme, das mithilfe eines Rituals die Entschei-dungs- und Zukunftsfragen beantwortet. Nach vielen Jahren in Österreich und mehreren vor langer Zeit absolvierten Deutschkursen ist sie wieder in einem Deutschtraining und entdeckt die Welt aufs Neue.

Es ist nicht so, dass sie kein Deutsch kann. Sie ver-steht viel und kann sprechen, aber sie hat Probleme damit, bei Diskussionen über Zukunftspläne, Berufs-wünsche, Job- und Partnersuche mitzumachen. Sich zu überlegen, was sie sagt und wie sie es sagt, wenn sie ihre eigene Meinung zu verschiedenen Themen äu-ßern soll, fällt ihr nicht leicht, denn jahrelang musste oder konnte sie es nicht tun, weil jemand anderes für sie gesprochen hat: ihr Ehemann. Anina ging immer dorthin, wo man sie hinführte. Ich weiß nicht, ob sie jemals nach dem Weg gefragt hat. Sie hat schon ge-wisse Erfahrungen in ihrem Leben gemacht, aber eher negative, wie ihr Mann meint. Sie hatte schon Träume und Wünsche, nur leider war es immer schwer, sie zu realisieren, weil das Schicksal sie nie lieb behandelte und es nie der richtige Zeitpunkt war, wie ihr Mann sagt. Sie würde viel mehr im Leben erreichen, aber der Tag hat nur vierundzwanzig Stunden und manchmal ist das Wetter schlecht und ruiniert alle großen Pläne – auch die ihres Mannes. Ihre Frage, was sie jetzt tun soll, bleibt oft unbeantwortet, weil das Universum zu dieser Zeit immer Mittagspause hat – genauso wie ihr Mann.

Im Kurs möchte auch Anina ihre Deutschkenntnisse verbessern, wie die Nachbarin, die gerade für sie das Kursziel formuliert hat. Es ist nicht nur Anina. Es gibt viele Frauen aus verschiedenen Ländern, die mit einheimischen Männern verheiratet sind, die während ihres Lebens hier schon vergessen haben, warum sie überhaupt da sind, die sich selbst nicht mehr fragen, was sie gerne machen würden und wozu sie dafür überhaupt Deutsch brauchen. Viele Männer kommen entweder mit leichtem Gepäck oder mit ihren Familien hierher und sind in beiden Fällen die führende Kraft, um die sich alles drehen wird. Das Wort Abhängigkeit ist ihnen meistens unbekannt, und wenn doch, dann Abhängigkeit von den Lebensumständen, die sich in ihrem Fall schneller verbessern als die Lebenssituation ihrer Frauen. Den Frauen wird oft gesagt, dass sie keine Deutschkurse brauchen, dass sie sich lieber um die Kinder kümmern sollen und überhaupt nicht zu arbeiten brauchen, weil der Mann ja das Brot verdient.

Dass es manche Frauen gibt, die vielleicht gerne ein Stück Käse oder Lachs aufs Brot hätten, und zwar aus ihrer eigenen Tasche bezahlt, scheint nicht so viele Brotverdiener zu interessieren. Als ich schon während der Babypause begann, einen Job zu suchen, reagierten meine Bekannten ganz verwundert darauf. Vielen war es ein Rätsel, warum ich Bewerbungen schrieb, wenn doch mein Mann ein Haus und einen Job hatte. Wenn der Zahnarzt mir die Mundhygiene macht, heißt es dann dieser Logik nach, dass ich nie mehr Zähne putzen soll?

Im Training wird nicht nur Deutsch trainiert, um mit der Welt da draußen auf Augenhöhe zu kommunizieren, sondern auch die Fertigkeit, sich selbst zu schätzen und im besten Falle auch sich neu zu orientieren, selbstständig zu handeln und Unabhängigkeit zu entwickeln. Viele ausgebildete Frauen wollten sich integrieren, haben aber das Wort falsch interpretiert: Sie haben sich angepasst und verloren, weil ihnen eingeredet wurde, dass es ihnen gut gehe und sie glücklich und zufrieden seien. *Sich integrieren* bedeutet in einem neuen Setting aber *zu sich zu finden,* und *nicht* sich mit sich selbst und dem Setting *abzufinden.*

Letzteres ist übrigens viel einfacher zu erreichen, hinein in eine Komfortzone, in ausgefahrene Geleise. Alles so hinzunehmen, wie es ist. Es mag nicht traumhaft sein, dafür aber sicher und bequem. Nur eines Tages wird die Frage auftauchen, ob man denn wirklich so glücklich ist und ein erfülltes Leben führt. Und die Antwort wird lauten: Nein. Man wird wach und unternimmt die ersten Schritte und stolpert. Und das ist in Ordnung. Fehltritte sind am Anfang völlig normal und wichtig, durch diese kleinen Veränderungen lernt man sich selbst neu kennen.

Jetzt, nach fast zwei Monaten im Kurs, hat Anina gelernt, Fragen zu stellen, wenn etwas für sie nicht klar ist, und keine Angst zu haben, wenn sie mit einer fremden Meinung nicht einverstanden ist. Man hat sie korrigiert, wenn sie Fehler gemacht hat, und aufrichtig gelobt, wenn sie sich als Erste bei einer Frage gemeldet hat. Heute hat sie Blumen mitgebracht und den Dativ (*im Garten*) und das Partizip II des Verbs schneiden (*geschnitten*) in einem Satz richtig verwendet und ihre Meinung geäußert. Das ist ein Gefühl, das ich nicht beschreiben kann: Ich freue mich über die Blumen, es ist sehr lieb, dass Anina an mich gedacht hat, und jedes Wort hat seinen richtigen Platz und seine passende Form gefunden und sie hat ihre Meinung über die Blumen gesagt. Sie findet sie schön, egal ob es den anderen gefällt oder nicht.

Die Erde hat ein Magnetfeld, unser Gehirn unterliegt dem Magnetfeld, mein Whiteboard hat ein Magnetfeld und viele Magnete in verschiedenen Farben. Wie Magnete ziehen wir uns alle an, besonders, wenn wir verschieden sind.

Irgendwo habe ich mal gelesen, dass das Herz der einzige Ort im Universum ist, der ein eigenes Feld hat – da herrscht Ganzheit, an diesem Ort wird nichts in einen Plus- oder Minuspol geteilt. Wenn wir dem

Herzen also ab und zu eine Chance geben, ans Wort zu kommen, dann sehen wir nicht einen Teil oder eine Seite des Geschehens, sondern wir bekommen das ganze Bild – einen vollständigen Satz, ein ausgesprochenes Gefühl, eine vollendete Handlung und einen vollwertigen Menschen, der das alles zusammengeführt hat.

PS: Anina hat die B1-Prüfung bestanden. Sie möchte unbedingt eine Ausbildung in Österreich machen, am besten zur Krankenschwester, und hat sich schon darüber informiert. Am Deutschkurs B1 möchte sie wieder teilnehmen und fragt mich vorsichtig, wann er stattfindet. Warum? Vielleicht, weil ihre Meinung hier wichtig ist. Oder auch, weil sie gerne ihre Komfortzone verlässt.

## In der Matrix oder abseits der Piste

In seinem Buch „Halt den Mund, hör auf zu heulen und mach deinen Job" vertritt Larry Winget die Meinung, dass schlechte Ergebnisse nichts anderes als das Ergebnis einer schlechten Leistung sind. Ich stellte mir oft die Frage, woher die schlechte Leistung kommt und was sie verursacht. Meine Antwort ist Faulheit, nicht Dummheit.

Faulheit ist etwas, das erlernt wird. Sie ist eine Art erlernte Hilflosigkeit, die sogar unterstützt wird – sie wird „von oben" erlaubt und toleriert. Das ist die schonungslose Wahrheit ohne Verzierungen und Vanillesoße. Fleiß und Ehrgeiz irritieren. Sie kommen von Respekt, den die Faulheit nicht kennt. In Werner Schwanfelders „Buddha und der Manager" fand ich den Schlüssel zum Erfolg: Respekt und Liebe. Respekt eines Menschen vor sich selbst und Liebe zu sich selbst. Aus Respekt vor sich selbst eignet man sich neues Wissen an, aus Respekt geschieht jede kleine Veränderung und wächst zu einer großen Leistung an.

Wir Trainer versuchen, den Teilnehmern möglichst viel beizubringen und stopfen sie voll mit neuem Wissen. Aber nicht jeder kann diese Menge verdauen, besonders wenn man schon von Haus aus „Verdauungsprobleme" hat. Der Drang und die Energie der Trainer schrecken manche Teilnehmer ab und sie versuchen, vor dieser Wissenslawine zu flüchten oder wehren sich mit allen möglichen Mitteln.

Für manche Menschen ist ein Kurs nur eine Haltestelle: Da gehen sie hin, schauen gelangweilt ab und zu auf die Uhr, dann auf den Stundenplan und werden schließlich mit einem Bus abgeholt. Sie steigen ein und fahren los, kommen trotzdem zu spät, weil die anderen schon früher losgefahren und rechtzeitig angekommen sind und zwar dort, wo sie hinwollten. Es war dieselbe Strecke für alle und trotzdem hat nur ein Teil der Passagiere das Ziel erreicht. Es gibt Teilnehmer, die eine Teilnahmebestätigung für amtliche Zwecke brauchen oder die, die den Kurs gesponsert bekommen haben. Ihre Beweggründe kommen nicht von innen, sie kommen von außen, wie ein Zwang. Sie werden nie die Lernmotivation und Energie derjenigen verstehen, die nicht bloß darauf warten, abgeholt und irgendwohin gebracht zu werden.

Es sind oft die Zeitdiebe in uns selbst, die uns vom richtigen Tun abhalten. Wenn wir in uns hineinhören und uns auf das Hier und Jetzt konzentrieren, dann hat eine Ablenkung keine Chance, uns vom richtigen Weg abzubringen.

Was ich oft in meinem „Trainingswahn" vergesse, ist, dass ich keine Prophetin, sondern eine Begleiterin bin. Ich bin wie eine Reiseführerin, die eine Tour plant, um den Reisenden die wichtigsten Informationen auf möglichst spannendem Wege mitzugeben. Für die Wetterbedingungen und die Qualität der Fotos auf der Tour bin ich aber nicht zuständig. Ich kann Interesse wecken, zum Lernen und Entdecken motivieren, um den Lernprozess in einen Forschungsprozess zu verwandeln, ich kann versuchen, die Grenzen zu erweitern und neue Zugänge zu alten Themen zu zeigen. *Wollen* müssen die Reisenden selbst – und dann gelingen auch schöne Fotos.

Im Kurs wird nach wie vor fotografiert. So merken sich viele den Lernstoff besser und haben einen visuellen Plan im Kopf. Manche machen Fotos, um nicht aus der Matrix rauszufliegen und sich nicht im Weltall zu verlieren. Beim Thema Berufswege dienen die fotografierten Plakate zur Orientierung. Es geht hier nicht nur um die berufliche Orientierung, es entsteht ein ganzer Lebensweg im Kleinformat, der überschaubar wird. Auf dem Sprachniveau B1 sind die Berufswünsche schon realistischer und die Sicht klarer, die Ansprüche sind runtergeschraubt. Selbst die Lehrbücher haben nicht mehr so romantische Namen wie in den Beginnerkursen, aus „Lagune" wird beispielsweise „Aspekte". Das sollte den Lernenden wohl zu verstehen geben, dass sie langsam aus dem Anfängerparadies zurückkommen müssen, dass der Urlaub vorbei ist und sie sich nicht mehr unter den Sonnenstrahlen am Strand entspannen können, sondern vor einer steilen Wendeltreppe stehen, wie sie auf einem der Lehrbuchcovers abgebildet ist.

Diesmal habe ich nur weibliche Kursteilnehmer. Dadurch, dass keine Diskussionen zwischen Männern und Frauen entstehen, geht es schneller voran mit dem Lernstoff. Zu den Anforderungen an diese Lernstufe gehört die Fertigkeit, eine Grafik zu analysieren, Werte zu vergleichen und eine eigene Meinung zu äußern.

Wir sind wieder einmal beim Thema Berufswünsche und haben eine Tabelle vor uns liegen. Dieser in die Gruppen „Frauen" und „Männer" geteilten Statistik nach möchten zwar beide Geschlechter ein gesichertes Einkommen beziehen, Männer würden sich jedoch mehr Freizeit für Hobbys wünschen. Der Punkt „Herausforderung" fehlt in der männlichen Spalte komplett, wurde aber dafür durch „abwechslungsreiche Tätigkeit" ersetzt.

Mit dem Wort *Herausforderung* kam ich zum ersten Mal selbst in Kontakt, als ich nach der Babypause einen Job suchte und gegenüber allen Herausforderungen offen war. Da mich die Agentur für Arbeitsuchende aufgrund meiner Qualifikationen als „überqualifiziert" eingestuft hatte, blieb mir nichts anders übrig, als nicht eine Anstellung, sondern eine „unterqualifizierte" Tätigkeit zu suchen, die außerhalb des Hauses während der Kinderbetreuungszeiten gegen Entlohnung ausgeübt werden konnte.

Zu jedem Termin in der Agentur für Arbeitsuchende erschien ich pünktlich mit einem vierseitigen Bericht über meine Bewerbungsaktivitäten. Ich bewarb mich Tag und Nacht bei allen möglichen Betrieben und Unternehmen um alle möglichen Stellen mit vielen Ideen, wie und wo man mich einsetzen könnte. Überall und immer fand sich eine Absage, manchmal sogar schneller, als ich mich beworben hatte. Weder meine Marketing- noch meine Fremdsprachenkenntnisse waren nützlich für die Touristenregion, geschweige denn mein Germanistikstudium. Da ich nie kassiert hatte, durfte ich logischerweise nirgendwo an die Kassa, und es zu lernen, war ich wahrscheinlich auch nicht in der Lage. Alle Jobs im Verkauf, Gastrobereich schienen geradezu vor mir zu flüchten.

In einem Geschäft sah ich eine ausgehängte Stellenanzeige, dort wurden Mitarbeiter im Lager für fünfzehn bis zwanzig Stunden pro Woche gesucht. Als die Chefin erfuhr, dass ich trotz meines Studiums und meiner langjährigen Berufserfahrung bei internationalen Firmen nie Regale aufgefüllt und ausgeräumt hatte, war sie ein bisschen von mir enttäuscht. Die verlorenen Jahre meines Lebens wurden mir bewusst. Meine Frage, ob es für mich doch möglich wäre, auf den letzten Zug aufzuspringen und die Kunst der Regalbetreuung zu lernen oder wenigstens Probearbeiten zu leisten, brachte sie kurz zum Nachdenken, aber es war klar, dass ich ein fremdes Element im System war, ein Wesen, das aus der Reihe tanzt und sich nicht zuordnen lässt.

Absagen sind schwer zu ertragen, weil sie uns das Gefühl der Zugehörigkeit wegnehmen. Wir möchten ein Teil vom Ganzen sein, müssen jedoch alleine mit uns selbst zurechtkommen. Aber wir sind eben alle als kleine Elemente des Ganzen gedacht und vorprogrammiert, deshalb ist es für uns so unerträglich, wenn wir nur uns selbst und niemandem mehr zugehören. Sind wir längere Zeit auf der Suche – egal wonach –, befinden wir uns früher oder später auf einer Stufe, auf der wir unsere Beweggründe hinterfragen sollten.

Genau an diesem Punkt sind viele Teilnehmer im Kurs B1 angelangt: Es gibt diejenigen, die schon seit

Langem auf etwas warten oder etwas suchen. Es ist toll, wenn man seine Motive hinterfragt. Aber was tun, wenn es keine gibt? Dann steckt man in einem Sumpf oder tief in der Matrix – in dieser computergesteuerten Traumwelt aus dem Film mit Keanu Reeves – und jemand anderer sollte diese Fragen stellen. Das Gefangensein in der Matrix entsteht zum Teil aus der Einstellung, dass jemand anderer notfalls schon zu Hilfe kommen wird. Wozu soll man sich dann überhaupt anstrengen? Deshalb sehen nur wenige die Notwendigkeit, entkoppelt zu werden und auf eigenen Beinen zu stehen. Es geht nicht um den kompletten Ausstieg aus einem System, es geht um Eigenverantwortung – und die kommt von Respekt.

Wenn Liebe und Respekt vorhanden sind, lässt man sich nicht von knallbunten Verpackungen täuschen und lebt nicht als ferngesteuerte Marionette, sondern erkennt, dass ein gerader Weg nach Vorschrift nicht immer der beste und der einzige ist. Die Frage, die sich jeder stellen und beantworten sollte, ist: Tue ich jetzt im Deutschtraining etwas für mich oder für jemand anderen? Es ist wie Schifahren abseits der Piste: Es wird erst dann interessant, wenn man die Fahrtechniken beherrscht, gut trainiert und erfahren ist und sich mit den Sicherheitsvorschriften auskennt.

Für mich geht es nicht darum, dass jeder auf der Stelle vom vorgeschriebenen Weg abspringen soll, sondern darum, sich Gedanken darüber zu machen, ob das wirklich der einzige Weg ist oder ob es nicht auch andere, vielleicht nicht perfekt präparierte Pisten gibt, die schlussendlich sogar viel besser zu einem selbst passen und mehr Spaß machen. Dafür braucht man Zeit und Aufmerksamkeit für sich selbst.

Im Kursraum sollte man in erster Linie sich selbst inneren Raum schenken, um äußeren wahrzunehmen. Dort gibt es viele Varianten und Optionen. Für viele Teilnehmer kann die Bereitschaft, etwas zu tun oder zu ändern, in diesem Raum ihren Ursprung haben.

## Das wahre „Ich"

Kommen wir auf die Statistik zu den Unterschieden zwischen den Geschlechtern in den Wünschen an den beruflichen Alltag zurück: Vergleicht man die Grafiken weiter, stellt man Folgendes fest: Eigene Ideen zu entwickeln, ist für beide Geschlechter wichtig. Aber wie kommt man überhaupt auf *eigene* Ideen? Ich stelle nämlich fest, dass viele Menschen nach dem Lebensplan handeln und leben, den jemand anders für sie schmiedet.

*Notieren Sie auf einem Zettel Ihren Namen, was Sie gerade machen und welche Vorstellungen Sie von Ihrer beruflichen Zukunft haben,* fordert uns die Übung auf. Die aktuelle Situation unterscheidet sich von Teilnehmerin zu Teilnehmerin: von der Jobsuche bis zur Orientierung, von der Orientierung bis zur Desorientierung. Ein gutes Zeichen ist, dass auch diejenigen, die einen Job haben, sich langsam darüber Gedanken machen, ob die Tätigkeit überhaupt zu ihnen passt und ob es auch andere Varianten gibt. Das Wissen darüber ist sehr oft durch die Empfehlungen der Nachbarschaft eingeschränkt:

„Meine Nachbarin sagt, dass ich dies und dies machen soll."

„Die Verwandten meines Mannes sagen, dass ..."

„Mein Mann sagt, dass ..."

Meine Fragen *Was möchtest du? Wie sieht deine Zukunft aus?* werden häufig mit den Worten von jemand anderem beantwortet, darum verbinde ich gerne zwei

Themen zu einem Lernmodul: *Berufswünsche* und *Partnerglück*. In beiden Bereichen geht es um dasselbe: sich entwickeln und sich wohl fühlen. Wenn man über seinen Traumpartner oder seine Traumpartnerin spricht, offenbart man nicht nur Wünsche, sondern auch *Bedürfnisse*. Genau diese Bedürfnisse stehen hinter den Emotionen, Reaktionen und beeinflussen die Wünsche. In einem Deutschtraining muss all das noch dazu in einem Relativsatz artikuliert werden.

**Info für die Muttersprachler:**
Relativsätze enthalten Zusatzinformationen zu einem Nomen oder Pronomen. Diese Sätze stehen normalerweise direkt hinter dem, worauf sie sich beziehen. Sie können am Ende des Hauptsatzes oder mitten im Satz stehen. Für diese Sätze sind oft Relativpronomen nötig. Sie müssen in Zahl und Geschlecht dem Nomen, auf das sie sich beziehen, angepasst werden. Ein Beispiel: Sie war *die* erste *Frau, die* ich kennengelernt habe und mit *der* ich seit zehn Jahren glücklich bin.

Dabei entstehen oft Schachtelsätze, die ich zu vermeiden versuche, weil ich immer das Gefühl bekomme, dass die Gesprächspartner schon bei der dritten Schachtel ausgestiegen sind und ich ins Leere rede, während sie schon gedanklich woanders sind, zum Beispiel bei ihrer Einkaufsliste fürs Wochenende. Es gibt aber eine Übung, bei der mir die Aufmerksamkeit der Kursteilnehmerinnen sicher ist: sich zu zweit eine Situation zu überlegen, in der es in einer Beziehung zum Streit kommt. Zu meinem Erstaunen müssen sie die Situation nicht einmal auf einem Zettel notieren. Die Aufgabe wird im Nu erledigt. Nur die frisch Verliebten tun sich bei dieser Aufgabe schwer, der Rest ist aktiv beim Diskutieren.

Das Knifflige an diesem grammatischen Kapitel ist, dass im Relativsatz oft ein anderer Fall als der im Hauptsatz verwendet werden muss: *Der Boden, den* ich gestern gewischt habe, ist schon wieder verdreckt. *Das Bügeleisen, das* ich schon letzte Woche repariert habe, ist wieder kaputt. *Die Hose, die* ich gestern gewaschen habe, hat wieder einen Fleck. – Nach einer Stunde spannender Szenen lassen sich die Wünsche an den Traumpartner leicht formulieren. Ob jemand irgendwann sein Glück in der Liebe im Internet gesucht hat, ist unklar. Aber natürlich kommen einem die Nachbarn und Bekannten zur Hilfe, von denen man tatsächlich solche Geschichten gehört hat:

„Ja", sagt Mira leicht verlegen. „Von meiner Kollegin weiß ich, dass sie einen Mann im Internet durch ein Portal kennengelernt hat. Die Fotos waren besonders ah ... schön."

„Meine Nachbarin wollte mal jemanden im Internet kennenlernen", gibt Claudia zu. „Es war leider nichts Besonderes, ein Betrug", sagt sie und seufzt.

Die traurigen Geschichten der Bekannten verwandeln sich sehr einfach in Relativsätze.

Eigentlich sind die Übungen dazu da, die kommunikativen Fertigkeiten zu entwickeln. Bei uns wird in diesem Fall eher die theatralische Mimik geübt, darum führe ich alle wieder zum Thema Traumpartner/

in zurück. Und schon wieder glänzen die Augen, weil das Thema voller Hoffnungen ist:

„An dem Partner, mit ... der ... mit Dativ ... mit dem ich zusammen bin, schätze ich Vertrauen."

„Die wichtigste Eigenschaft, die ... Ja, die ... Akkusativ ... die ich schätze, ist Zuverlässigkeit."

„In meiner Beziehung, in d...er ich glücklich bin, schätze ich Respekt und Humor."

Man spricht in diesem Augenblick über sich selbst und nicht, weil jemand anderer so denkt, sondern weil es so ist. Es ist schwer, bei diesen Relativsätzen schnell zu entscheiden, worauf sie sich beziehen und in welchem Fall das Relativpronomen stehen muss. Aber mithilfe der deutschen Grammatik bringt man Ordnung in seine Gefühle. Es ist kompliziert, alles, was einem auf dem Herzen liegt, richtig zu strukturieren. Vor allem für das südländische Temperament, das ich in Hülle und Fülle in meinem Kurs habe. Aber die Schwierigkeit dieser Konstruktionen gibt jedem nochmal eine Chance, das Wichtigste auszusuchen und sich darauf zu konzentrieren und im Endeffekt auf sich selbst zu fokussieren.

Wenn man sich einen Traumpartner oder eine Traumpartnerin vorstellt, dann kann man sich auch seinen Traumjob und Beruf vorstellen, oder man kann sich auch sein „Traum-Ich" vorstellen. Wir verlangen viel vom Arbeitgeber, erwarten etwas Besonderes von der Familie, haben hohe Ansprüche an die Kinder. Aber auf die Frage *Was kann ich den anderen geben?* finden wir oft keine Antwort. Ich erwarte nicht, dass jeder nach zehn Minuten ein klares Selbstbild vor der Gruppe präsentiert. Ich weiß, dass dafür Zeit nötig ist, und Geduld, vor allem mit sich selbst.

Darum sammeln wir zuerst die Information von außen: Ich vereinbare Sprechstunden bei verschiedenen Infozentren für meine Teilnehmer, ich sammle Artikel aus Magazinen und Zeitungen oder wir machen einen Workshop und simulieren Vorstellungsgespräche, um die Besonderheiten der eigenen Persönlichkeit herauszufinden.

Wenn das definiert ist, können sich die Teilnehmer mit dem Berufsweg auseinandersetzen. Es geht nicht darum, welche Jobs in einer Zeitung angeboten werden, sondern darum, wo wir unsere Eigenschaften und Talente am besten entwickeln können und wo man etwas über sie erfährt.

Wie mache ich den ersten Schritt der Welt entgegen?

## Feuer am Eis! Oder: Passiv heißt nicht sich zurücklehnen

In seinem Artikel „Intrinsische und extrinsische Motivation" betont der Psychologe Walter Edelmann, dass der Zusammenhang zwischen Motivationen und Emotionen sehr eng ist und Lernresultate erheblich von emotional-motivationalen Prozessen beeinflusst werden. Daraus lese ich, dass es beim Lernen nicht an Anreiz fehlen darf. Die Frage für mich ist, welche gefühlsmäßige Bedeutung könnten die Passiv-Konstruktionen im Deutschen haben? Wie bekommt eine Übung zum Konjunktiv in der Vergangenheit einen positiven und fröhlichen Aufforderungscharakter? Ab wann kann ich mit Spaß in der ganzen Sache rechnen?

Es gibt unzählige Ratgeber mit Tausenden von Tipps: Man soll das beachten und dies unterlassen, alle motivieren, loben, gleichzeitig darf der Druck nicht fehlen und so weiter. Was aber ausgerechnet für die momentane Situation für diese eine spezielle Lerngruppe geeignet ist, welche Zaubermethode mit Sicherheit wirkt – das weiß ich als Trainerin nicht. Ich muss also die richtige Balance zwischen Belohnung und Zwang finden. Die Balance zwischen positiver Verstärkung (Belohnung) und negativer Verstärkung (Zwang) ist aber ziemlich schwer zu halten, fast wie beim Schifahren oder Eislaufen. Genau das fällt mir ein, wenn ich meine Teilnehmer in einer Eishalle treffe. Ich erinnere mich an das Training, in dem wir die Passivformen geübt haben.

**Info für die Muttersprachler:**

Das Passiv betont eine Handlung oder einen Zustand. Wer oder was die Handlung oder den Zustand verursacht hat, ist unwichtig, unbekannt oder wird als allgemein bekannt vorausgesetzt. Die häufigste Passivform des Deutschen ist die Bildung mit dem Hilfsverb *werden*. Das passivische *werden* wird mit einer Verbform verbunden, die als Partizip bezeichnet wird, also mit dem Präfix *ge-* (soweit kein anderes Präfix am Verb vorliegt) und der Endung *-t/-n*: *wurde ge-mäh-t, wurde zerbroch-en*.

Die Perfektform eines *werden*-Passivs wird dabei immer mit dem Hilfsverb *sein* gebildet. Die Partizipform, die das Passivhilfsverb selbst im Perfekt annimmt, ist irregulär, da es ohne *ge-*-Präfix gebildet wird.

„Ich *werde* von ihr *gerufen.*"
„Es *wird gebaut.*"
„Der Text *wird geschrieben.*"
„Die Wärme *wird transportiert.*"
„Nach dem Weg *wird gefragt.*"

Es *wurde* fleißig und geduldig *geübt,* nur wollte das Passiv nicht *gelernt werden.*

Die Umstellung von der Person auf die Handlung ist grundsätzlich schwierig im Leben. Als ich die Kursteilnehmer in dieser Stunde beobachte, erinnere ich mich an meine ersten Schritte auf der Eisfläche.

Auf die Idee, eislaufen zu lernen, kam ich spontan beim Spaziergang mit meiner damals dreijährigen Tochter in einem Park, in dem viele bunt gekleidete

Leute tolle Figuren am Eis machten. Da es bei uns keinen Kurs gab, fand ich auf YouTube nette Lernvideos von russischen Profis, die weltweit für ihre Eislaufkunst berühmt sind und ihre Masterklassen geben – auch für Anfänger wie mich, die das Eis nur in einem Eiscafé genießen können.

Mit dem Handy in einer zitternden Hand und einer Spielfigur als Lernhilfe in der anderen versuchte ich, Schritt für Schritt alle Übungen zu machen und gleichzeitig meiner Tochter beizubringen. Ich motivierte und lobte sie und es gab mir selbst immer mehr Kraft und Sicherheit. Es dauerte Wochen, bis aus dem Auf-dem-Eis-Gehen und Auf-dem-Eis-Stehen das eigentliche Eislaufen geworden war.

Diese Geschichte erzählte ich meiner Gruppe im Kurs. Am Anfang glaubten sie mir nicht, weil sie mich schon öfters beim Schlittschuhlaufen gesehen hatten und sicher waren, dass ich es schon als Kind gelernt hatte, genauso wie Deutsch zu sprechen wahrscheinlich. Aber tatsächlich lag mein Erfolg nur daran, dass ich mich damals auf die Handlung konzentrierte und meine Emotion in die Handlung einbrachte. Wenn wir erst einmal anfangen *zu handeln*, fällt es uns um ein Vielfaches leichter, an etwas dranzubleiben.

Und in diesem Anfang liegt die Magie – oder in den ersten fünf Sekunden, wie es Mel Robbins in ihrem Buch „Die 5-Sekunden-Regel" beschreibt: Das ganze Potenzial liegt in den ersten fünf Sekunden, die reichen, um aus seiner Komfortzone rauszukommen. In diesem Moment hat unser Gehirn keinen Gegenspieler, weil der innere Schweinehund schweigt. Wenn man sich nicht mehr als fünf Sekunden vor dem ersten Schritt gibt und so Zweifeln und Zögern vorbeugt, wird man auch anschließend aktiv weiterarbeiten.

Beim Passiv ist es wie beim Eislaufen: Zuerst muss man die Technik begreifen, den Stützpunkt finden, sich mit dem eigenen Körper anfreunden und ihn beherrschen, um das Gleichgewicht zu halten, man darf sich nicht nach hinten lehnen, sondern muss fest am Boden stehen und natürlich rechtzeitig bremsen – egal, ob in der Pizzastellung oder irgendwie anders, aber selbstständig und möglichst rechtzeitig. Noch wichtiger ist es, sich auf die Eisfläche zu trauen, den Schritt zu machen, *zu handeln*. Man darf keine Angst vor dem Fallen oder vor Fehlern haben.

Das erinnert mich an eine Szene aus dem Film „Der Club der toten Dichter", in dem der Englischlehrer die Schüler eines konservativen Internats für Jungen zu selbstständigem Handeln auffordert. Sie treffen sich in einer Höhle im Wald und tragen einander ihre Gedichte vor. Es wird nicht gepaukt, es wird kreativ gelernt und es wird *gehandelt*.

Einige Zeit, nachdem ich meinen Kursteilnehmern von meinen Eislauferfahrungen erzählt hatte, traf ich sie in der Eishalle. Sie standen mit zitternden Beinen am Rand der Eisfläche und versuchten, den Stützpunkt zu finden und das Gleichgewicht zu halten. Eislaufen zu lernen, war nie ihre Hausaufgabe. Ich schaute ihnen fröhlich zu – sie hatten den Sinn des Passivs verstanden. Die Handlung stand im Vordergrund und es war total unwichtig, wer und was sie verursacht hatte.

## Das Weltbild hat viele Farben – das Selbstbild auch

Wir suchen immer und überall nach gesellschaftlicher und individueller Anerkennung. Die Menschen im Kursraum wollen gesehen werden, auch wenn sie sich hinter dem Rücken des Nachbarn oder dem Lehrbuch verstecken. Sie wollen gesehen werden – mit ihren Fähigkeiten, ihren Eigenarten, ihren Bedürfnissen. Gehört werden wollen sie auch. Sprache ist ein Hilfsmittel dafür.

Das Verhältnis zu sich selbst und das Selbstvertrauen wachsen langsam. Wie alle guten Dinge brauchen sie Zeit. Zeit, die uns leider nicht im gewünschten Ausmaß zur Verfügung steht. Doch der erste Schritt zum „Ich" wird gemacht, und zwar durch das Projekt „Selbstpräsentation": In dieser Übung geht es um die persönlichen Geschichten der Kursteilnehmer, um die Definition der individuellen Stärken, den Umgang mit seinen Schwächen, um eigene Träume und Wünsche. *Was macht mich aus? Was steckt in mir?*

Um zu sehen, was die Teilnehmer vom Kurs mitnehmen, bekommen sie die Selbstpräsentation als Abschlussaufgabe, in die sie alle Lernmodule geschickt einbauen sollen. Es ist eine persönliche Minigeschichte und die Abschlussrede von jedem.

Am Tag der Präsentation werden Plakate ausgerollt und an die Pinnwand gehängt. In bunten Farben, aus Stichwörtern bestehend, mit Blumenmuster aus farbigem Papier verziert und auf Karton geklebt, als Motorrad gezeichnet oder in Form einer Steinskulptur entsteht im Raum eine Welt voller individueller Persönlichkeiten, Geschichten und Lebenswege.

So verschieden alle Teilnehmer und ihre Plakate auch sind, alle haben im Hier und Jetzt das große Gemeinsame: die Selbstakzeptanz. Grammatikalisch ist nicht immer alles fehlerfrei, sprachlich vielleicht ein bisschen holprig, dafür mit viel Einsatz und Gefühl. „Syrische", „türkische", „russische", „mexikanische", „brasilianische" Gefühle, die in der gemeinsamen Sprache ausgesprochen werden, in der Sprache, die uns alle näher zueinander und zu unseren Träumen bringt: Deutsch.

## „Plusquamperfekt oder „Minusquamperfekt"?
## Das ist die Frage!

**Info für die Muttersprachler:**

Das Plusquamperfekt – auch vollendete Vergangenheit, Vorvergangenheit, dritte Vergangenheit oder Präteritumperfekt genannt – ist in der Grammatik eine Tempus-Form des Verbs, die einen zeitlich vor einem Referenzpunkt in der Vergangenheit liegenden Vorgang oder Zustand bezeichnet. Die Bildung des Plusquamperfekts ähnelt der des Perfekts: temporales Hilfsverb (*sein/haben*) + Partizip Perfekt des Hauptverbs. Das Plusquamperfekt verhält sich daher zum Präteritum ähnlich wie das Perfekt zum Präsens: Nachdem ich mich für die Klausur *vorbereitet hatte, war* ich nicht mehr nervös.

Die meisten Dialekte in Süd- und Norddeutschland, Österreich und der Schweiz benutzen diese Zeitform nie oder nur selten. Zumindest in Teilen Österreichs wird es in der Umgangssprache durch das doppelte Perfekt – Wir *haben* schon *(ge)gessen gehabt.* – ersetzt. Diese Tatsache beruhigt die Lernenden. Dennoch gehört die Tempus-Form zum Deutschen und muss fleißig geübt werden. Schließlich kann man ja nie wissen, wann und wen man mit seinem Wissen überraschen kann.

Das Lernen des Plusquamperfekts ähnelt aus meiner Sicht dem Krampusumzug: schrecklich, aber spannend. Ein Krampus ist eine Schreckgestalt in Begleitung des heiligen Nikolaus. Bei uns in der Gegend finden jedes Jahr Krampusumzüge statt, bei denen als Krampus Verkleidete unter Glockenlärm mit langen Ruten durch die Straßen ziehen, um die Zuschauer zu erschrecken. Das Gefühl, diese Gestalten zum ersten Mal im Leben zu sehen, ist kaum zu beschreiben: Man vergisst sich selbst und die Welt um sich herum, glaubt an alle heiligen Kräfte der Welt, kann sich vor Angst nicht von der Stelle rühren und ein Stück vom Ziachkiachl bleibt wie ein Klotz im Hals stecken. Bei den Umzügen ist es wichtig, das Gefühl zu vermitteln, dass es nicht echt ist – es schaut nur so aus. Kaum ist die Maske weg, sieht man ein strahlendes und leicht müdes Gesicht eines Tiroler Burschen.

Dieser kleine Rekurs auf den Krampusumzug und dass die schrecklichen Gestalten ja eigentlich gar nicht echt sind, hilft mir schon seit Jahren, den Lernenden zu versichern, dass ihnen beim Thema Plusquamperfekt nichts Schlimmes passieren wird. Schlimm ist es nämlich, wenn einen ausgerechnet bei dem Thema der Magen-Darm-Virus erwischt, der ein Stammgast in unserer Gegend zu sein scheint. Oder die Bauchgrippe, wie es bei uns heißt.

Entweder aus dem inneren Protest des Körpers gegen das Plusquamperfekt oder wegen des Virus schauen manche richtig blass aus, halten aber durch. Ich lenke sie mit der Bildung der Form der starken Verben ab, damit ihr innerer Protest nicht gleich mal recht äußerlich wird. Man sollte aufrecht sitzen und nach oben schauen, darum werden die Satzanfänge ganz oben auf dem Whiteboard geschrieben, und für die Satzenden auf den Karteikarten muss ich meine Hände hochhalten. Für alle Fälle hat jeder eine Flasche Wasser am Tisch stehen und die Tür lassen wir offen, damit uns nichts im Wege steht, falls wir alle zum Ort der männlichen und weiblichen Ruhe im Keller fliehen müssen.

Eigentlich sollte man in diesem Zustand ja im Bett bleiben und sich Ruhe gönnen. Mein Vorschlag, das heutige Training auf einen anderen Tag zu verlegen, kommt komischerweise nicht gut an. Die Erklärung dafür: „Wir haben hier schon so viel durchgemacht, dass kein Virus uns stoppt!". Gewappnet mit Pfefferminz- und Ingwertees sind die Teilnehmer zu allem bereit.

Die Verwirrung bei dieser Tempus-Form ist groß, weil man zuerst herausfinden muss, was geschehen und wann genau es geschehen ist. Was war zuerst? Das Huhn oder das Ei? Als Übung hält das Lehrbuch folgendes Beispiel bereit:

Ausgangslage:
1) *Nachdem sie eingekauft hatte ...*
2) *Nachdem er sich entschuldigt hatte ...*

Mögliche Varianten:
1) *... kochte sie Spaghetti.*
2) *... war sie nicht mehr böse.*

Meine Logik verbindet Einkaufen mit Kochen sowie Entschuldigung mit Versöhnung. Der Hausverstand der Gruppe sagt etwas anderes:

„Nachdem sie eingekauft hatte, war sie nicht mehr böse."

„Nachdem er sich entschuldigt hatte, kochte sie Spaghetti."

Dass fast alle eine andere Variante haben, regt mich für einen Moment zum Nachdenken an.

In der nächsten Aufgabe *Was ist vorher passiert?* muss die Gruppe die Sätze lesen und je einen Satz im Plusquamperfekt dazu schreiben:

1. *Belinda weinte.* – Beispiel: *Ihr Freund hatte sie verlassen.*

2. *Anton war glücklich.* – Ein Drittel der Gruppe glaubt, er ... *hatte die Deutschprüfung bestanden.* Der Rest aber meint, ... *ihr Freund hatte sie verlassen.*

3. *Der Computer funktionierte nicht mehr.* – Hier gibt es keine Varianten.

4. *In der Wohnung herrschte Chaos.* – Die Variante *Mein Mann hatte seinen Autoschlüssel gesucht.* finden beide Geschlechter total zutreffend.

5. *Er kann mit einem riesigen Blumenstrauß nach Hause.* – *Er hatte den Hochzeitstag vergessen.* Auch bei diesem Satz sind sich alle einig.

6. *Peter trank eine ganze Flasche Wasser.* – Die Bauchgrippe lässt keinem mehr die Chance, eine passende Erklärung dafür zu finden, und wir müssen dringend eine Pause machen.

Nichts macht Menschen stärker als das gemeinsame Unwohlsein, und nach der Pause geht es weiter:

„Nachdem ich in der Nacht Bauchweh gehabt hatte, konnte ich in der Früh nicht aufstehen."

„Nachdem ich den Tee getrunken hatte, ging es mir besser."

„Nachdem mir heute schlecht war, wollte ich nicht mehr frühstücken."

„Nachdem ich in der Apotheke die Tropfen gekauft hatte, kam ich in den Kurs."

Apotheke, Kopfweh, Bauchschmerzen, Tee, Wasser und so weiter: Wenn man mit Viren kämpft, stärkt man das Immunsystem.

Wenn all diese Leute heute da sind und mit dem Plusquamperfekt kämpfen, nachdem sie schon mit dem Präteritum und dem Perfekt gekämpft haben, dann kann es kein Minus-, sondern nur ein riesiges *Plus*quamperfekt geben!

**Bloß kein Stress!**

Das war der erste bezaubernde Spruch, den ich im mir damals noch fremden Land gehört habe.

„Bloß kein Stress!", sagte aufmunternd der Installateur in der Küche, nachdem er vergeblich versucht hatte, den Grund der Überschwemmung festzustellen, und für drei Tage mit seinem Werkzeugkoffer verschwand.

„Bloß kein Stress!", beruhigte mich der Heizungsmann, der ein Ventil reparieren wollte und plötzlich feststellte, dass er kein Werkzeug dabeihatte.

„Bloß kein Stress!", sagte eine freundliche Stimme am Telefon, als ich mich nach der Richtigkeit der erhaltenen Rechnung erkundigen wollte, weil ich nichts bestellt hatte.

„Bloß kein Stress!", wiederholte die Stimme, und schon einen Tag später bekam ich die erste Mahnung mit der Zahlungserinnerung.

„Bloß kein Stress!", sagte meine erste Chefin und fragte schon zehn Minuten später nach den Aufgaben, die sie mir gerade vor zehn Minuten erteilt hatte.

„Bloß kein Stress!", beruhigt mich die Kassiererin im Supermarkt und lächelt höflich, wenn sie blitzschnell alle meine Einkäufe durchscannt und ich in Panik versuche, alle Joghurts, Käse, Brot und Klopapier so schnell wie möglich vom Fließband wegzuräumen, um mit ihrem Tempo mitzuhalten. Aber wir wissen beide, dass ich keine Chance in diesem Wettbewerb gegen ihren Scanner habe. „Bloß kein Stress!", wiederholt sie freundlich und schaut mich mitleidig an, während ich mühsam meine Siebensachen in die Tüten packe.

Mittlerweile bin ich selbst ein „Bloß-kein-Stress-Typ" geworden und kontrolliere nur das Ergebnis der Arbeit, aber nicht den Weg dorthin, obwohl es in einer kleinen Ortschaft nicht immer so einfach ist. Man trifft Leute beim Wandern, obwohl sie mir ein E-Mail schreiben sollten, oder beim Eislaufen, wo sie doch eigentlich meine Fragen zu einem Text beantworten müssten, oder im Fitness-Studio, während – obwohl, das kann ich eigentlich doch verstehen, schließlich braucht man enorm viel Kraft und Ausdauer, um in einer stressfreien Gesellschaft zu überleben, in der jeder von zahlreichen Freizeitangeboten und Mitgliedschaften in verschiedenen Vereinen total überfordert ist. Dass dann auch immer wieder irgendwelche Feiertage dazwischenkommen, an denen alles geschlossen hat, macht die ganze Sache noch schlimmer. Man muss nicht nur rechtzeitig den Kühlschrank füllen, sondern sich auch ein abwechslungsreiches Programm überlegen, um darüber später fröhlich und möglichst stressfrei berichten zu können.

„Bloß kein Stress!", rede ich möglichst entspannt und freundlich. So heißt auch ein Lernmodul zum Thema *Wie geht's denn so?*. „Bloß kein Stress!", wiederhole ich aufmunternd und verteile neue Trainingspläne, Vokabellisten und die nächsten spannenden Aufgaben, die ich zum neuen Thema in einem völlig stressfreien Zustand erfunden habe.

Das Thema *Bloß kein Stress!* ist sehr geschickt ins Lernmodul integriert, es steht zwischen dem Text *La-*

*chen ist gesund* und der Grammatik-Vorschau, einer dreiseitigen Auflistung der Regeln zur Pluralbildung des Nomens und der schwachen n-Deklination, die anscheinend auch ohne Stress gelernt werden müssen. Am Ende des Kapitels sind fröhliche Menschen zu sehen, oben steht in großen Buchstaben geschrieben: *Viel Spaß!* Der Aufbau des Moduls deutet schon darauf hin, dass das Lachen jedem bald vergehen wird, aber andererseits sollte man sich deswegen nicht besonders stressen, weil alles nicht so schlimm ist – zumindest im Moment noch nicht.

Merkwürdigerweise kennen viele Teilnehmer das Wort *schwer* oder *schwierig,* aber nicht *stressig.* Die Leute, die ihre Häuser und ihre Heimat verlassen haben, die mit ihren Kindern geflüchtet sind, sind eigentlich nicht gestresst im Gegensatz zu denjenigen, die ungeduldig am Schilift auf die Gondel warten, weil sie im Urlaub sind, oder die, die sich zwischen drei gleichen Angeboten für dieselben Aktionsartikel bei drei fast identischen Supermärkten nicht entscheiden können und nachts schlecht träumen, weil sie nicht sicher sind, ob der Vorrat morgen noch reicht.

Lange Zeit konnte ich die tiefere Bedeutung des Wortes *stressig* nicht begreifen. In meiner russischen Welt hörte ich meistens so was wie *kompliziert, schwer, herausfordernd, problematisch.* Aber für mich beschreiben diese Wörter eine bestimmte Situation, die sich unter gewissen Bedingungen verändert und somit die Veränderung der gesamten Umgebung erfordert, um sich in eine Richtung zu entwickeln. Im Gegensatz zu *stressig* passiert das aber nicht jede Sekunde, jede Minute, jeden Tag und überhaupt ständig. So oft wie *stressig* höre ich nur das Wort *Hallo!*. Von einem *Hallo!* bis zum nächsten *Hallo!* gibt's nur Stress. Sich selbst zu stressen, geht gar nicht, aber die anderen schon.

Der positive Stress schadet aber nicht – er ist manchmal sogar sehr produktiv, um die Lernenden aus der Komfortzone herauszukriegen und fit zu halten. Ich beginne die Trainingseinheiten sehr oft mit Brainstorming als Aufwärmübung und variiere die Geschwindigkeit der Aufgaben so, dass jeder schön auf der Autobahn bleibt und nicht bei der ersten Gelegenheit eine Ausfahrt nimmt.

Manchmal gibt es kurvige Strecken oder man nimmt die Umfahrung über eine Landstraße, aber im Endeffekt führen alle Wege zur Autobahn. Die richtige Balance entsteht laut daoistischer Lebensphilosophie durch Handeln mit dem Lauf der Dinge, das sollte uns alle zur „inneren Ruhe" führen. Einen spannenden Lauf der Dinge im Kurs verspricht uns das „stressfreie" Kapitel. Dass es keine Meditationsrunde geben wird, ist schon bei der ersten Aufgabe klar:

*Sind Sie ein Frühaufsteher oder ein Nachtmensch? Berichten Sie.*
*Wie sieht ein typischer Tag bei Ihnen aus? Notieren Sie Stichpunkte und vergleichen Sie.*
*Hören Sie einen Radiobeitrag. Notieren Sie.*
*Formulieren Sie Ihren Beitrag.*
*Arbeiten Sie in Gruppen.*

*Sehen Sie sich Fotos an.*
*Lesen Sie.*
*Beschreiben Sie die Situationen.*

Die schönste Frage kommt zum Schluss:
*Hat Sie die Aufgabe gestresst?*

Die Frage wird im Kurs nicht eindeutig verstanden: Diejenigen, die mich schon mit knallroten Backen und großen Augen anstarren und fast aus der Puste sind, würden mir jetzt ganz gerne vieles darauf antworten, sparen sich aber die Energie für den Test, der noch zusätzlich zu allem kommen könnte. Die anderen, für die die gesamte Existenz an sich schon einen täglichen Nervenzusammenbruch bedeutet, reagieren eher neutral-gelassen: „Ja, schon ein bisschen, aber passt schon." Die Teilnehmer, die immer noch an Wunder glauben und vor allem daran, dass sie irgendwann in ihrem zweiten Leben doch Deutsch sprechen werden, schenken mir ihr bezauberndstes Lächeln und schallendes Lachen.

*Wie kann man sich in Stresssituationen entspannen?* *Formulieren Sie fünf Tipps zur Stressbewältigung. – So* lautet die nächste Herausforderung.

„Man muss sich einen Tagesplan erstellen und klare Ziele setzen", sagt die fünffache Mutter aus Syrien, die trotz des Zeitdrucks, einer neuen Lebenssituation, familiären Verpflichtungen und finanziellen Sorgen jedes Mal pünktlich und perfekt vorbereitet zum Kurs erscheint.

„Man muss weniger im Internet surfen und auf Facebook chatten, dann hat man für alles Zeit", sagt Dakina, die im siebten Monat schwanger ist und trotzdem fleißig Deutsch übt.

„Spontan sein. Bist gestresst, dann zack und weg shoppen, ein Kleid, ein Wein am Abend, oder Urlaub. Aus. Finito", empfiehlt uns das spanische Temperament der Gruppe.

„Spaaazieren gehen oder Raad faahren, nur die Natur gibt Krrraft", sagt Lesly und zeigt stolz auf seinen Bizeps. Die Energie, mit der er im Fitnessstudio trainiert, würde reichen, um Berge zu versetzen. Sie reicht aber nicht immer, um das Lehrbuch aufzuschlagen. Dafür ist er mit Leib und Seele im Deutschtraining dabei.

„Ich höre russischen Rap, weil ich möchte Russisch lernen, weil eure Sprache ist sehr lustig. Wenn ich Stress mit Deutsch habe, höre ich Russisch", sagt Jamid entspannt.

Das ist etwas Neues für mich. Vom Entspannungseffekt der russischen Sprache habe ich ehrlich gesagt noch nie gehört, eher umgekehrt. Die Sprache übt eine Wirkung auch auf jene aus, die sie nicht sprechen, wie ich während langer Diskussionen mit meiner Tochter beim Shoppen festgestellt habe. Selbst diejenigen, die kein Wort verstehen, bleiben schön aufrecht vor dem Spiegel in der Umkleidekabine stehen, drehen sich nicht um, räumen ihre Sachen weg und hören mir aufmerksam zu. Dass Russisch auf noch jemanden diese magische Wirkung hat, war mir bis jetzt nicht bekannt.

Aber warum Russisch, wenn es hier um Deutsch geht? Meine ganze Motivationsarbeit, alle Aktivitäten für die Integration, Zusatzunterrichte und individuelle Pläne – alles, worauf ich so viel Energie investiert habe, bringt anscheinend nichts. Es müsste in dem Satz nicht um Russisch, sondern um Deutsch gehen.

„Das ist aber ganz toll! Es klingt sehr interessant. Sagen wir den Satz aber richtig, wir sind schließlich im Deutschtraining", versuche ich mein Glück.

„Richtig? Also, Grammatik und Deutsch, ja?" Jamids vermehrtes Blinzeln signalisiert mir, dass ihm nicht ganz klar ist, was er falsch gemacht hat, aber er korrigiert sich. „Okay. Ich höre deutschen Rap, weil ich Deutsch lernen möchte, weil Deutsch die schönste Sprache ist. Wenn ich Stress mit Arabisch habe, höre ich gerne Deutsch. So richtig, oder?"

„Na ja. Aber klar. Im Grunde ist alles richtig, nur ...", mir fehlen die Worte.

„Also, mit Deutsch richtig, mit Russisch nicht, oder?", fragt verwundert Jamid.

Die ganze Gruppe hebt die Hand vor den Mund, um den Lachanfall zu verbergen. Es gelingt aber nicht jedem und die meisten brechen in Gelächter aus. Ich stehe mitten im Raum, spüre, wie der Lachanfall auch in meiner Brust hochbrodelt, und schaue wahrscheinlich etwas verloren aus. Mein vermehrtes Blinzeln signalisiert allen, dass mir der Zauberspruch fehlt. Jetzt tricksen sie mich aus, aber gewiss.

„Bloß kein Stress, Frau Lehrerin! Bloß kein Stress!", lächeln sie mich an und zwinkern mir zu.

## Anna Stainer-Knittel

Es regnet und es ist windig. Wassertropfen glänzen an den Kerzen auf den runden Tischen vor dem Café Museo, vor dem wir uns alle treffen. Gleich daneben führt eine Tür ins Museum – und da gehen wir heute hin. Ich erlaube mir, die Reise nach Zürich, die in unserem Lehrbuch im Modul *Organisiertes Reisen* geplant ist, umzubuchen und meiner Gruppe unsere Ortschaft und deren Geschichte und Kultur zu präsentieren. Integration findet nicht im Kursraum statt, sondern draußen!

Unsere Sprachkurse haben das Ziel, Deutschkenntnisse zu vermitteln und die Kultur des Landes näherzubringen. Meistens begegnet uns diese Kultur in Form von Bildern der Sehenswürdigkeiten von Berlin, Dresden und manchmal Wien. Vereinbare ich dann unser Treffen vor dem Museum in der Ortschaft, in der wir alle leben, fragen die Teilnehmer sich verwundert, wo das denn sein könnte. Selbst die Ehemänner der Teilnehmerinnen, die sich in allem bestens auskennen und so etwas wie ein personifizierter Ratgeber für den Unterricht sind, können ihren Frauen nicht helfen, weil auch sie es nicht wissen. Genauso wissen sie nicht, was auf den prächtigen Fassaden der alten Gebäude abgebildet ist, welche Bedeutung diese Fresken haben oder welche berühmten Persönlichkeiten hier gelebt haben. Geht man Tag für Tag diese Straßen entlang, zumindest zwei Mal pro Woche auf dem Weg zum Deutschkurs, zeigt aber kein Interesse an der Umgebung, hat keinen Zugang zu dieser Kultur und verspürt auch kein Bedürfnis danach, dann bleibt die Kultur für immer eingesperrt im Buch auf Seite 34 neben dem Paragraphen mit dem Konjunktiv oder Präteritum.

Langsam nähern sich mir viele bunte Regenschirme und fröhliche Stimmen begrüßen mich unter dem prächtigen Baum vor dem Museum. Dass ich für jeden einen Zettel mit Aufgaben und Fragen habe, wundert mittlerweile schon niemanden mehr – sie sind es gewohnt, für jeden Spaß und jede Unterhaltung im Kurs büßen zu müssen und nehmen es mittlerweile schon gelassen hin. Claudia, die freundliche Dame, die uns heute durchs Museum führen wird, empfängt uns herzlich im Foyer. Mit viel Liebe zum Detail erzählt sie spannende Geschichten über den Besitzer des Hauses, seine Familie, zeigt historische Gemälde und Kunstobjekte aus der Region.

Die Tatsache, dass es wirklich um die Geschichte ihrer Ortschaft geht, fasziniert die Teilnehmer. Möbelstücke und eine merkwürdige Uhrensammlung aus dem Lechtal, Damenbekleidung und alte Bücher – alles, was es hier seit Jahrhunderten gibt, bekommen sie zu Gesicht. Wir bleiben vor dem Bild stehen, das Anna Stainer-Knittel zeigt. „Sie wurde in Elbigenalp im Lechtal geboren und war Porträt- und Blumenmalerin. Sie war die erste Frau, die damals zwar an der Kunstakademie studierte, aber an einer privaten, weil die Kunstakademie damals für weibliche Studierenden verschlossen war", erzählt uns Claudia. Schon an diesem Punkt hört man das weibliche Publikum leise jubeln. „In Innsbruck eröffnete sie später eine ‚Zeichen- und Malschule‘ für Damen. Sie holte zweimal ein Adlerjunges aus dem Nest. Anna seilte sich an einer steilen Wand in die Tiefe, um zu einem Adlerhorst zu gelangen. Sie zog die jungen Adler groß, um sie später zu verkaufen. So nannte man sie ‚Geierwally‘. Sie wurde zum Mythos und zur Legende.“

Kein Handy klingelt, niemand fotografiert. Selbst die Zettel mit den Fragen sind vergessen. Alle hören Claudia zu. Wie einer Zauberin folgen sie ihr von einem Raum in den nächsten, um ja nichts zu verpassen. Während der gesamten Führung, die uns auch nach draußen durch die Gemeinde führt, existiert für sie nur die eine Welt, die Claudia ihnen zeigt und die sie in ihren Bann zieht. Jedes Haus erzählt plötzlich eine Geschichte und jede Freske, an der sie schon hundertmal vorbeigelaufen sind, wird neu entdeckt. Und in dieser Ortschaft, von der man eigentlich denkt, dass in ihr gar nichts geschieht, passiert auf einmal ganz viel. Es ist einer dieser besonderen Tage, wie damals bei der Wanderung am Lech, beim Üben im Park mit Musik von der Bühne im Hintergrund oder in der Ausstellung im Naturmuseum, der in Erinnerung bleibt, weil das Lernen mit Erlebnissen und positiven Emotionen verbunden wird.

Wir sehen uns drei Tage nach der Führung wieder im Kurs. Auf den Tischen liegen Broschüren und dicke Bücher, die nicht nach unseren Kursbüchern ausschauen.

„Ich habe dieses Buch über die Geschichte der Region von der Bibliothek. Claudia hat über die Nagelsäule erzählt, aber es war zu kurz und ich wollte mehr wissen", sagt Anina. „Ich wollte ein anderes Buch, aber jemand hatte es schon ausgeliehen."

„Wolltest du das Buch hier?", fragt Maria. „Ich hab's, sorry. Hier sind die Geschichten viel interessanter. Über die Familie Zeiler auch, sehr spannend, es hat mir gefallen."

„Ich habe über diese merkwürdige Uhr im Internet recherchiert und dann in der Schule erzählt, der Lehrer hat es nicht gewusst", lacht Fata.

„Aber wisst ihr was? Es gab sie wirklich, diese Anna Knittel, die ‚Geilerwally'", ruft Mira aufgeregt aus.

Mira ist am Wochenende an ihrem einzigen freien Tag ins Lechtal gefahren und hat das Geburtshaus von Anna Knittel besucht, deren Geschichte sie so fasziniert hat. Nach fast zwanzig Jahren in Tirol war sie zum ersten Mal dort, weil sie erst im Deutschkurs davon erfahren hatte. In dem Kurs, den sie eigentlich nie besuchen wollte.

Die nächsten zwei Stunden muss ich niemanden zu irgendetwas auffordern und nichts prüfen: Alle zeigen einander Fotos von der Führung, erzählen Geschichten über die Persönlichkeiten des Ortes, teilen ihre Erinnerungen miteinander und korrigieren sich selbst, wenn die Wortfolge im Satz oder die Artikel nicht stimmen.

*Museum als spannender Lernort* lautet die Überschrift in der Herbstausgabe einer regionalen Zeitung. In der Mitte der Seite ist unser Gruppenfoto zu sehen, darauf lachende Gesichter unter bunten Regenschirmen. *Eine Reise durch bislang fremde Kultur* steht auf der Titelseite einer anderen Tiroler Zeitung in den lokalen Nachrichten.

So fremd ist diese Kultur nicht mehr. Wir sind mittendrin.

## Im modus coniūnctīvus

Lernmethoden haben viel gemeinsam mit Angeboten in einem Supermarkt. Ob diese uns ansprechen oder nicht, darüber entscheidet das eigentliche Machtzentrum im Kopf: das limbische System. Dort haben Kaufwünsche ihren Ursprung – und Lernwünsche auch. Ob eine Präsentation für Kunden oder ein Trainingsplan für die Kursteilnehmenden – alles wird in diesem System bewertet. Jede Aufgabe hat eine lustvolle und eine weniger lustvolle Seite. Ich beginne immer mit einer lustvollen, denn das andere findet sich von selbst.

**Info für die Muttersprachler:**

Der Konjunktiv II wird auch *Irrealis* genannt. Er wird verwendet, um unmögliche und unwahrscheinliche Bedingungen oder Bedingungsfolgen sowie Zögern, Zweifel oder Vermutungen auszudrücken, zum Beispiel: Ich fühlte mich, als *wäre ich* alleine auf der Erde.

Außerdem dient der Konjunktiv II als Höflichkeitsform, wenn man beispielsweise eine Bitte an eine Person richtet: *Könnten* Sie das für mich erledigen?

Oft findet man Konjunktionen wie wenn oder falls in Verbindung mit dem Konjunktiv II, sie können aber auch entfallen, sodass ein finites Verb am Beginn eines Satzes steht: *Wärest* du früher aufgestanden, *hättest* du deinen Zug nicht verpasst.

Will man eine Situation in der Vergangenheit ausdrücken, verwendet man die Konjunktivformen von *sein/haben* + Partizip II, z. B.: ich *wäre gegangen*, ich *hätte gesagt*.

Marketingstudien haben bewiesen, dass Männer und Frauen auf unterschiedliche Verkaufssignale reagieren. Für mich als Sprachtrainerin bedeutet das, dass sich durch die unterschiedlichen Anreize auch die Vorgehensweise beim Lernen unterscheiden wird. Es funktioniert tatsächlich bei fast allen Themen, die wir im Unterricht durchnehmen. Beim Konjunktiv hingegen sind die Anreize für beide Geschlechter gleich: träumen, sich etwas wünschen, höflich streiten und für alles passende Ausreden formulieren.

Die „Wenn-dann-Krankheit" ist ansteckend und als Prophylaxe haben wir schon das Passiv und die Konstruktion *um ... zu* sowie den Unterschied zwischen *wenn* und *wann* gelernt:

*Was würdest du tun, wenn ...?*
*Wenn ich viel Geld hätte, ...*
*Wenn das Wetter schön wäre, ...*
*Wenn ich Deutsch nicht lernen müsste, ...*

– Selten ist ein grammatisches Thema so reizend und wird mit so viel Begeisterung wahrgenommen wie der Konjunktiv. Trotz der komplexen Wortfolge und den Formen des Präteritums erledigen die Teilnehmer die Übungen schnell und die Motivation steigt bei jedem Wunsch-Satz.

Die „Wenn-ich-das-hätte-Konstruktionen" sind besonders attraktiv und die Ausreden im Konjunktiv werden selbstverständlich ganz schnell formuliert: *Ich würde besser Deutsch sprechen, wenn ...* So einfallsreich wie bei der Vollendung dieses Satzes erlebt man die Lernenden selten. Auf Platz 2 der Konjunktiv-Hitliste folgt der Satz: *Ich wäre absolut glücklich, wenn meine Ehefrau/mein Ehemann ...* – Eine Kostprobe gefällig?

„Wenn ich Geld hätte, würde ich mir eine Wohnung kaufen und müsste keine Miete bezahlen."

„Wenn ich Geld hätte, würde ich ein neues Auto kaufen."

„Wenn ich Geld hätte, würde ich eine Weltreise machen."

„Wenn ich Geld hätte, müsste ich nicht mehr arbeiten."

„Und was wäre, wenn ihr Flügel hättet, was wäre dann?", frage ich die aufgeregten großen Kinder.

„Dann wäre ich ein Vogel", vollendet Anina den Satz.

„Ich müsste nicht warten", Adjmed ist bei diesem Satz total aufgeregt, weil er schon seit einem Jahr auf seine Papiere wartet und langsam die Hoffnung verliert.

„Ich würde wahrscheinlich auf Deutsch zwitschern", lacht Jamid. „Und auch dann Fehler machen!"

„Ich hätte dann mehr Freiheit, denke ich, und würde nicht im Stau stehen", überlegt sich Lajna laut.

„Wenn ich Flügel hätte, hm ... könnte ich ohne Visum nach Amerika zum Bruder fliegen", sagt Mira verträumt.

„Und wenn es keinen Konjunktiv gäbe?", frage ich provokativ weiter.

„Dann würde dir sicher eine andere Aufgabe einfallen", bricht die Gruppe in Gelächter aus. „Dann wäre der Kurs heute schon zu Ende", sagt Lajna traurig. „Und so haben wir noch eine Woche", fügt sie lächelnd hinzu.

Ich freue mich über den korrekten Gebrauch der Modi, aber noch mehr freue ich mich darüber, dass der letzte Satz nicht im Konjunktiv steht: Er ist kein Wunsch und kein Vorschlag, sondern eine Tatsache im Hier und Jetzt.

## Tomaten in der Finsternis

Im Sommer 2018 gab es drei Mond- bzw. Sonnenfinsternisse. An manchen sind sie völlig unbemerkt vorbeizogen, mich aber haben sie voll erwischt: Bei mir haben die Tomaten zu wachsen begonnen.

Zum ersten Mal ist es mir gelungen, einen zarten, winzigen und nicht einheimischen Spross auf einheimischem Boden zum Leben zu erwecken und etwas Kräftigeres und vor allem Fruchtbareres daraus zu schaffen als nur einen Strauch, der sich kaum identifizieren lässt. Das ist umso verwunderlicher, als die Biologie und ich eigentlich immer schon in zwei parallelen Welten existierten: Wir wussten beide, dass es uns gibt, nur hatten sich unsere Wege niemals gekreuzt. In meinem bisherigen Leben ist es mir gelungen, Stängel, Blätter und Knospen zuordnen zu können, weil die Pflanzenwelt genauso ein Mysterium für mich war wie die Physik, egal wie sehr ich mich bemühte, mich mit ihr anzufreunden. Und das, obwohl ich das Glück hatte, als Kind in einem grünen Stadtviertel mit kleinen Gärten und einem wilden Park zu wohnen und in den Sommerferien für drei Monate ins Dorf zu meinen Großeltern fahren zu können. Dort durfte ich mich in ein Mogli-Kind verwandeln und mir den einheimischen Dorfdialekt aneignen, und zwar so, dass keiner mehr merkte, dass ich ins Gymnasium ging. Ich erlebte dort alle Überraschungen des Bauernhofalltags, den Stadtkinder normalerweise nur bei einem Schulausflug kennenlernen.

Das Herbarium für den Biologieunterricht konnte ich als Kind nur dank glücklicher Umstände zusammenstellen: Es gab schönes Wetter, zeitlichen Aufschub durch einen Feiertag sowie die große Einsatzbereitschaft meiner Mutter. Und natürlich die motivierenden Sprüche der Nachbarn und die Anweisungen von meinem Vater. Die wurden allerdings meistens vom Balkon unserer Wohnung zu mir herabgerufen, weil man das Große bekanntlich nur von Weitem erkennt. Die guten Ratschläge und Hinweise erreichten mich, während ich voll verschwitzt und wie besessen mit dem Schulbuch im Innenhof rumlief und jeden Fund mit den Bildern im Buch verglich – Wikipedia und Google gab es damals noch nicht. Für heutige Verhältnisse käme das fast einer Forschungsarbeit in Biologie gleich.

Da die Tomaten nicht ins Herbarium gehörten, entging mir die Möglichkeit, die Nachbarschaft und mich selbst mit ihnen bekanntzumachen. Später, als ich von meiner Kollegin einen winzigen Spross geschenkt bekam, ergab sich endlich die Gelegenheit, das Versäumte nachzuholen. Und etwas Bemerkenswertes geschah: Nachdem ich nach Tirol gezogen war, hatte ich langsam meine Liebe zur Natur entdeckt. Zuerst war ich zwar von ihrer Schönheit und Vielfalt beim Spazierengehen und Wandern begeistert. Aber eben nur so weit, wie ein Tourist Sehenswürdigkeiten oder kulturelle Vielfalt bewundert. – Zu einem tieferen Verständnis meiner Verbindung mit der Natur ist es dabei nicht gekommen. Als mir ein Buch in die Hände fiel, veränderte sich mein Blick auf die Natur und unser Verständnis von ihr: In „Die Weisheit eines Yogis" schreibt der Yoga-Meister Sadhguru davon, wie unser Körper in dem Moment, in dem er in Berührung mit der Erde kommt, auf spürbare Weise daran erinnert wird, dass auch er nur ein Teil der Erde ist. Daraus erklärt sich wahrscheinlich die magisch anmutende Veränderung der Menschen, wenn sie einfache Tätigkeiten im Freien verrichten, wie zum Beispiel beim Gärtnern.

Nachdem ich frischgebackene Tomatengärtnerin also die erste Hürde überwunden und den passenden Topf gefunden hatte, stand schon die nächste Challenge vor der Tür: Der Zeitpunkt, die Pflanze in die Erde zu setzen, war gekommen. Direkt vor der Terrassentür fand ich ein schönes Plätzchen, das ich zuerst eifrig von Unkraut befreite – und dank meines nicht vorhandenen botanischen Wissens auch gleichzeitig vom Nicht-Unkraut.

Sobald die Tomaten neue Wurzeln gebildet hatten, wurden sie stärker und robuster. In der neuen Umgebung brauchten sie gute Pflege: viel Licht, ausreichend Wärme, eine gute Bodenstruktur und gleichmäßige Bewässerung.

„Ist es bei uns Menschen nicht genauso?", dachte ich mir beim Lesen der Pflegetipps im Pflanzenlexikon. Sobald wir ein neues Kapitel unseres Lebens aufschlagen oder ins Ungewisse stürzen, egal aus welchen Gründen, verspüren wir Angst. Aber wovor? Weil wir „den Boden verlieren" oder nicht fest und nicht mit beiden Füßen auf dem Boden stehen. Nicht umsonst schätzen wir an den Menschen ihre „Bodenständigkeit". Da wir alle ein Teil der Erde sind, brauchen auch wir Wärme und Licht und Dünger in Form von Liebe, Verständnis und Akzeptanz, damit wir kräftig und stabil wachsen können.

Täglich sprach ich mit meiner Tomatenpflanze: In der Früh begrüßte ich sie, fragte sie nach ihrem Befinden, erzählte ihr beim ersten Morgenkaffee alles, was ich an dem Tag vorhatte und lobte sie, weil sie so schön wuchs. Manche Triebe musste ich aber zurechtweisen, weil sie den Kleineren das ganze Licht wegnahmen, ich streichelte sie und munterte sie auf. Mit einem Stab stützte ich sie. Sobald sie größer geworden war, befestigte ich sie neu, damit sie ungestört weiterwachsen konnte.

Laut Pflanzenlexikon sollten meine speziellen Tomatenpflanzen zunächst aufrecht, später aber niederliegend und kriechend wachsen. Und mein Schützling hat sich wacker bemüht, schön gerade zu wachsen, ordentlich auszuschauen und gleichmäßig rot zu werden, so als würde sie sich auf eine Prüfung zur Anerkennung ihres Status im Lande vorbereiten oder sich um ein Leistungsabzeichen bewerben.

Früchte von ein und derselben Sorte sollten doch eigentlich gleich ausschauen. Aber erstaunlicherweise war das bei meiner Tomatenpflanze ganz und gar nicht der Fall: Von rund über abgeflacht bis eiförmig war alles dabei. In keinem Ratgeber fand ich eine Erklärung für dieses Phänomen.

Natürlich erleichtert Ordnung im Kopf das Leben und natürlich ist es normal für uns Menschen, alles zu ordnen und sogar uns selbst nach Gemeinsamkeiten und Unterschieden zu kategorisieren. So schreiben wir anderen Kulturen verschiedene Eigenschaften und entsprechende Verhaltensmuster zu, und jeder von uns hat nicht nur sich selbst als Persönlichkeit, sondern auch zahlreiche Eigenheiten seiner Kultur mit im Gepäck. Doch manchmal sind wir so gefangen in unseren Vorstellungen von einer Kultur, dass eine wertungsfreie Begegnung nur schwer möglich ist. Erst bei näherer Betrachtung kann man einen anderen Menschen oder eine noch fremde Kultur in ihrer ganzen Vielfalt kennenlernen. Wollen wir an einer Rose nur die Stacheln sehen, wird sie in unseren Augen zum Unkraut, das man mit aller Gewalt im Garten ausrotten muss, weil sie nur Probleme macht und den anderen Pflanzen Licht wegnehmen könnte. Aber ist das wirklich die einzige Eigenschaft einer Rose?

Jede Umsiedlung in ein neues Land, in eine fremde Kultur, kann spannend und aufregend sein: Dem einen wird sie Sicherheit bringen, dem anderen neue berufliche Perspektiven oder ein neues Zuhause. Aber davor muss aus einem Samen ein Spross werden, der durch die Tiefe und Dunkelheit der Erde bis ans Licht drängt. Auch uns Menschen geht es wie den Pflanzen, bevor wir in unserem neuen Zuhause wirklich *ankommen*: Wir befinden uns in einem finsteren Tunnel voller Ungewissheiten. Wird eine Pflanze nicht gepflegt, stirbt sie ab; werden die Menschen ausgegrenzt, stirbt die Menschheit langsam aus.

Eine Mond- oder Sonnenfinsternis entsteht, wenn ein Neu- oder Vollmond in der Nähe der Mondknotenachse steht. Daran ist gar nichts Besonderes, das passiert jedes Jahr. Das Besondere im Sommer 2018 war, dass wir gleich drei Eklipsen erlebten: eine partielle Sonnenfinsternis, eine totale Mondfinsternis und eine weitere partielle Sonnenfinsternis. Die russischen Astrologen bezeichnen dieses Phänomen als „Finsternistunnel". Schon lange bevor es in diesem Jahr zur ersten Finsternis kam, fing ich an, meine Familie und meine Freunde davor zu warnen, um sie auf die neuen Sternenkonstellationen und die unvorhersehbaren Änderungen in ihrem Leben vorzubereiten. Ob sie es wollten oder nicht, wussten sie schon Wochen davor, was auf sie zukommt und vor allem wann und was sie tun sollten: Aufräumen, Einkaufen, Friseurbesuche, Jobwechsel, Urlaub und alle möglichen wichtigen Entscheidungen.

Alles, was als Spiel und Informationszufluss von meiner Seite begann, wurde zum Schluss zu einer spirituellen Mädchenrunde bei der Abschiedsparty unserer Freundin, die mit ihrer Familie in eine andere Stadt zog. Die Party endete mit dem symbolischen Verbrennen von „Was-ich-nicht-mitnehme"-Zetteln. Wir machten uns Gedanken über das Wesentliche für den Moment und die Zukunft, verabschiedeten uns vom Alten, brachen mit bisherigen Verhaltensmustern und befreiten uns vom Unnötigen, um das Neue wahrnehmen und wagen zu können.

Die abschließende partielle Sonnenfinsternis eröffnete uns laut Astrologen neue zukunftsweisende

Perspektiven. Kurz davor wurden die Tomaten saftig, die Warteliste von Freunden, die sie gerne probieren wollten, immer länger und meine Liebe zur Tomatenwelt immer größer. Meine Überzeugung, keine „Pflanzenperson" zu sein, nur weil ich es als Kind nicht so ganz mit dem Herbarium hingekriegt hatte, schien mir langsam mehr als zweifelhaft. Ich verabschiedete mich von meinem alten Denkmuster und besorgte mir einen gescheiten Pflanzentopf für die nächste Saison.

## Jahreswechsel

„Wir würden euch gerne kennenlernen und in unsere Redaktion einladen", steht im E-Mail der Chefredakteurin einer regionalen Zeitung. Mein Herz schlägt höher und der sonnige Wintertag wird noch sonniger. Das ist das perfekte Geschenk für meine Kursteilnehmer und die schönste Unterstützung, die ich als Trainerin für meinen Kurs bekommen kann!

„Öffnet euer Herz für diese Kultur und sie wird euch aufnehmen", wiederhole ich immer wieder in meinem Training. Nur eine Sprache zu lernen, ist nicht gleichzusetzen mit Integration, und Integration bedeutet nicht Anpassung und Abfindung, wie sie oft missverstanden wird. „Vergiss nie deine Wurzeln", sagte meine Oma oft zu mir. Und ich habe sie nicht vergessen. Unsere Wurzeln geben uns innere Kraft und Freiheit, Glauben, festen Boden unter den Füßen und gleichzeitig große Flügel, damit wir uns erheben können. Diese Gaben können uns beim Lernen und beim Anwenden des Erlernten helfen und dabei, uns selbst neu kennenzulernen und unseren Weg zu finden.

Wir ziehen das an, was wir hergeben. Das besagt die Regel des Energieaustausches im Universum. Ich frage die Kursteilnehmer oft, was sie der Welt, dem Land, ihren Mitmenschen anbieten können, was sie mit ihnen teilen können, bevor sie ihren Anspruch auf etwas anmelden. Sobald sie sich mit dieser Frage beschäftigen und selbst eine klare Antwort geben können, werden ihnen die eigentlichen Motive ihres Lernens klar.

Dann verwandelt sich die deutsche Sprache aus einem sechsköpfigen Drachen in ein Haustier, das zwar nicht unbedingt pflegeleicht ist, aber viel Freude und positive Momente schenkt. Einer dieser positiven Momente war der, als ich den Teilnehmern von der Einladung der Zeitung erzählt habe.

Nach unserem Besuch in der Redaktion schlug die Redakteurin den Kursteilnehmern vor, selbst kurze Beiträge zu verfassen. Diese Beiträge erschienen eine Woche später in der Zeitung:

*Unser Treffen in der Redaktion war sehr spannend – ich habe nie gedacht, dass ich nach 1,8 Jahren in Österreich und nach dem A2- und B1-Deutschkurs die Zeitung lesen und verstehen werde und dass ich hier überhaupt die Chance bekomme, am gesellschaftlichen Leben teilzunehmen.*

*Ich habe die Deutsch- und Integrationskurse besucht, um mich in die Gesellschaft zu integrieren und ins Berufsleben einzusteigen. Ich habe die B1-Prüfung bestanden und ja, ich habe die wichtige Info in der Zeitung gefunden und mich über die Jobmöglichkeiten informiert und bewerbe mich jetzt, habe am Freitag mein erstes Gespräch und bin sehr aufgeregt und nervös.*

*Ich habe mich beim Treffen sehr willkommen gefühlt, jetzt nach dem Kurs fühle ich mich bei den Gesprächen sicherer – alles wird auf einmal viel interessanter. Ich danke der Trainerin für ihre Beharrlichkeit und die Motivation, die sie uns vermittelt hat.*

*Ich habe über die Gestaltung der Zeitung erfahren und den stressigen Alltag ihres Teams – es hat mich schon stark beeindruckt – mir hat unser Treffen sehr gut gefallen, weil es sehr persönlich war, weil ich gemerkt habe, dass ich Deutsch nicht nur für den Test, sondern für mein Leben lerne. Es stärkt schon das Selbstwertgefühl.*

*Ich bin nach Österreich mit meiner großen Liebe, meinem Mann, gekommen, um den Urlaub zu verbringen und ahnte damals noch nicht, dass ich hier bleibe, und Kurse habe ich vorher nie besucht, hier musste ich mich immer konzentrieren, aufpassen, aktiv sein, und immer etwas außerhalb der Kurszeiten machen, aber ja, es war nicht umsonst. Es ist erstaunlich, dass ich in meinem Alter so viel geschafft habe.*

*Der Kurs und zum Schluss das Treffen in der Redaktion haben mir einen Antrieb zum Weiterlernen gegeben, es war schon anstrengend, für mich manchmal sehr, aber auch sehr, sehr spannend, darum habe ich bis zum Schluss mitgemacht und dann durften wir in die Redaktion! Und ich dachte „Wow!"*

*Ich habe das gemacht, um meine Ziele zu erreichen und mehr Bildungschancen zu bekommen, es ist manchmal sehr schwer, ich musste für die Schule lernen und für den Kurs, aber jetzt stehe ich allen Herausforderungen offen.*

Wir mögen vielleicht aus verschiedenen Kulturen kommen, aber wir haben alle die gleichen Ängste, Sorgen und sehr oft auch die gleichen Werte, Träume und Wünsche. Wir alle sollten es uns wert sein, diese Träume und Wünsche zu verwirklichen. Um Träume wahr werden lassen zu können, müssen wir sie zuerst richtig artikulieren. Es ist schwer abzuschätzen, was man dafür leisten muss und gewiss ist es nicht bei jedem gleich. Aber eines ist sicher: Freude am gemeinsamen Tun und Freude am Vorwärtskommen inspirieren und geben Kraft. Diese Freude zeigt uns, wie wertvoll wir alle sind und wie vielfältig unsere Wege sein können. Und wenn wir zurückblicken, dann nur um zu sehen, wie weit wir es schon geschafft haben!

## Davor und danach

Vor mir liegt die Stadt mit ihren bunten Dächern und festlich dekorierten Straßen, gefüllt mit dem Duft von Zimt, Orangen und Punsch, gemischt mit Puderzucker und Freude, darüber ein strahlend blauer Himmel.

„Aha, da bist du ja, Frau Lehrerin. Griaß di!", vernehme ich bekannte Stimmen hinter mir und spüre das leichte Klopfen auf der Schulter. Die restliche Begrüßung löst sich im Gelächter auf. Ich spüre ein leichtes Klopfen auf meiner Schulter und ich drehe mich um. Die kalten Sonnenstrahlen schimmern in den Haaren und die Mützen glänzen wie Silber.

„Hi, hallo. Wie geht's euch?" Obwohl alles um mich herum absolut echt ist, kann ich es immer noch nicht fassen, dass ich diese fröhlichen Gesichter gerade vor mir sehe und dieselbe freudige Begrüßung höre wie im Kurs. Das Ganze hat schon etwas Magisches an sich. „Also, erzählt mal, wie seid ihr darauf gekommen, in die Stadt zu kommen?", frage ich neugierig.

„Große Träume, weißt du", sagen sie und schlürfen den Punsch.

„Was hast du immer gesagt: ‚Man muss große Träume haben und auf das eigene Herz hören.'"

„Ja, eine Leberkäsesemmel kaufen ist kein Traum", fügt jemand lachend hinzu.

„Wirklich? Habe ich das gesagt?", da bin ich erstaunt.

„Ja, ja, und ‚*Um Punkt* ist schon zu spät, *um kurz vor* ist rechtzeitig.'"

„Ein Traum ist immer eine volle Stunde, wie zehn Uhr. Da gibt's kein Viertel vor oder nach", lacht Claudia.

„Wollen ist Können", erinnert sich Solih.

„Ja, und dieses, wie geht das, ach ja: ,Willst du was haben, dann arbeite jeden Tag, sonst wirst du alleine am Lech weinen'", sagt Lizard erstickt und krümmt sich wieder vor Lachen.

Es kann sein, dass ich in jenem Moment entweder sehr wütend oder sehr inspiriert war und zu diesem philosophischen Schluss kam. Oder waren vielleicht die Vibrations im Raum so stark und die Menschen so empfindlich, dass es ihnen in Erinnerung blieb?

„Nein, im Ernst. Ich habe schon bei mir in der Heimat als Elektriker gearbeitet und ich will hier meine Ausbildung machen. Ich suche einen Job als Elektrikerhelfer oder so was", sagt Solih.

Wir spazieren durch die Altstadt und sie erzählen mir von ihren Wohnungen, mit Balkon und ohne, mit Berg- oder Garagenblick, Abstellkammer oder Kellerabteil, so wie wir es gelernt haben, über freundliche Vermieter, die einem von ihnen sogar mit der Meldebestätigung geholfen haben, und mit denen sie sehr gut klarkommen. Von einem höre ich die Geschichte, wie er in einem Lokal von einem betrunkenen Mann und dessen Freunden lange beobachtet wurde, bis er von ihm gefragt wurde, woher er kommt. Der Mann hielt nicht viel von Ausländern und gab aufrichtig zu, dass er die meisten von ihnen hasste. Diese Begegnung war für ihn das erste Mal, dass er sich mit Nicht-Einheimischen so gelassen nicht nur auf Deutsch, sondern auch auf Dialekt unterhalten und Scherze treiben konnte. Obwohl, vielleicht war es aber gar nicht das erste Mal, dass der Mann mit einem Ausländer Deutsch gesprochen hat – schließlich waren ein paar Deutsche in seiner Clique. Und vielleicht sah der Mann diesmal mehr Offenheit, mehr Akzeptanz in den Augen einer „nichteinheimischen" Kultur. Ein ganz ähnliches Gespräch führte auch Claudia einmal mit einem älteren Fahrgast im Zug, als sie in die Berufsschule fuhr, in der sie kurz vor der Geburt ihres zweiten Sohnes die Ausbildung zur Kosmetikerin absolvierte. Und eine ähnliche Geschichte hörte ich von Elfriede, die in einem Restaurant arbeitet, und von Tina, die in einer Bäckerei ihre Kunden bedient.

Wenn jemand uns in dem Moment, als wir plaudernd durch die engen Märchen- und Riesengassen spazierten, gefilmt hätte, dann sänge wahrscheinlich im Hintergrund die sanfte Stimme von Louis Armstrong: „I see friends shaking hands, saying ‚How do you do?' ... and I think to myself: What a wonderful world ..." Links von uns hört man das Klirren der bunt bemalten Honiggläser und die Witze der lustigen Verkäuferin, die die Passanten zur Kostprobe einlädt.

„Wir haben es auch mal gemacht, meine Familie und ich, bei uns am Bauernhof", erinnert sich Lizard und bleibt kurz am Honigstand stehen. „Aber es ist schon lange her, vor dem Krieg noch", setzt er fort und hält für einen Moment inne.

„Und jetzt? Du könntest es vielleicht hier versuchen?", schlage ich vor.

„Ja, auf jeden Fall", lächelt er. „Hinter der Schreiner bei uns ist eine Wiese. Ich glaube, mein Chef hat nichts dagegen. Es ist ein sehr guter Mensch, mein Chef."

„Oder du könntest Schnaps machen! Ihr könnt das gut in Jugoslawien", fällt es der lustigen Elfriede plötzlich ein.

„Schnaps ist nicht so festlich und romantisch", meint Rahil.

„Oh, doch – und wie!", opponiert die Clique. „Der erste vielleicht nicht, aber ab dem dritten wird's immer lustiger."

Ein Traum ist kein Punkt. Ein Traum ist ein Prozess ohne Rahmenbedingungen, Einschränkungen und Vorschriften. Die Fähigkeit zu träumen, ist für mich mit Abstand die mächtigste Kraft von allen, die man besitzen kann. Nicht umsonst durfte man fast in jeder unserer Lerneinheiten „träumen":

*Beschreibe deine Traumwohnung.*
*Wie sieht dein Traumtag aus?*
*Beschreibe deinen Traumjob, deine Traumreise.*

„Ich wünsche mir eine Wohnung mit Balkon", so fing fast jeder an.

„Wie groß ist die Wohnung? Und der Blick? Wie viele Zimmer hat sie? Ist es eine Dachwohnung oder liegt sie im Erdgeschoss?", wollte ich immer alles bis aufs Detail wissen, und nicht nur, damit sie einen bestimmten Wortschatz zu jedem Thema lernen und die Adjektive bei der Beschreibung richtig deklinieren. „Warum möchtest du Geld verdienen, eine Ausbildung machen, einen guten Job finden? Wozu lernst du Deutsch?", ich bestand immer auf eine konkrete und ausführliche Antwort mit der Infinitivkonstruktion *um ... zu.*

**Info für die Muttersprachler:**
Wenn das Subjekt im Hauptsatz mit dem Nebensatz identisch ist, benutzt man die Konjunktion *um ... zu*, um eine Absicht oder einen Zweck auszudrücken. Die dazugehörigen Fragen lauten *Wozu?* und *Zu welchem Zweck? Um* leitet diese Infinitivkonstruktion ein, *zu* + Infinitiv schließt den Satz ab, zwischen den Sätzen steht ein Komma.

„... um in ferne Länder fahren zu können."

„... um meine Eltern zu mir einladen zu können."

„... um als Automechaniker zu arbeiten."

„... um mit den Kindern Feste zu feiern."

„... um neue Freunde zu finden."

„... um die Musikbands zu verstehen."

„... um mich hier wohl zu fühlen."

„... um ins Gymnasium zu gehen."

„... um den Führerschein zu machen."

„... um die Eltern im Kindergarten zu verstehen."

So wie die Finalsätze eine Absicht oder ein Ziel ausdrücken, sollte ein Traum uns die Kraft geben, ans Ziel zu kommen. Bevor man sein Ziel formuliert, sollte man sich alles vorstellen, als hätte man es schon erreicht, dann traut man sich, den ersten Schritt zum zukünftigen Ich zu wagen. – „Die Logistik deines Glücks hängt davon ab, wie aufrichtig dein Wunsch und dein Traum sind! Die Aufrichtigkeit hat keine Ansprüche und setzt keine Anforderungen, verstehst du? Schränke dich nicht selbst ein", heißt es in einem Song der ukrainischen Band Estradarada.

Und die Kursteilnehmer suchen und handeln, sie hoffen und warten, sie denken und hinterfragen, sie sind offen für die Welt, die sie immer wieder aufs Neue erforschen. Alles ändert sich, auch sie werden sich ändern. In gewissem Sinne haben sie auch mich verändert. Ich wünsche ihnen, dass sie ihren Glauben und ihre Fähigkeit zu träumen niemals verlieren, dass sie nie einen Punkt dort setzen, wo sie noch ein Komma setzen könnten, weil es in jeder *Davor*-Geschichte genug Platz für ein *Danach*-Kapitel gibt.

## Spasibo! = Dankeschön!

Es war die goldene Echsenbrosche der Lehrerin, die mich in der ersten Deutschstunde so faszinierte, dass sie ab jenem Moment zu den schönsten Erinnerungen an meine Schulzeit gehörte. Die Brosche glänzte auf der gelben Samtbluse mit den schmalen schwarzen Streifen, der schlicht geschnittene schwarze Rock wirkte elegant. Die Echse schien sich in den himmelblauen Augen der Lehrerin zu spiegeln, während sie uns mit sanfter Stimme etwas erzählte und sich graziös vor der Tafel mit dem großen, nagelneuen ABC-Poster bewegte. Und diese gelbe Bluse, das gelbliche Licht, die gelborangen Blätter draußen im Herbstlicht, das gelbe Übungsbuch vor mir – alles passte irgendwie zusammen. Und erst die Melodie! Natürlich spielte im Klassenzimmer keine Musik, aber ich erinnere mich immer noch an den melodischen Klang der Stimme meiner Lehrerin, an das Rascheln von Buchseiten und an die bezaubernden *ü*, *ä* und *ö*. Aus ihrem Mund klang die deutsche Sprache wie ein Lied und war dem krachenden Befehlsgebrüll und dem bellenden Geschrei deutscher Offiziere in den Filmen über die Kriegszeit so gar nicht ähnlich.

Ironischerweise wurde diese Idylle ab und zu durch genau so ein solches Gebrüll im Nebenraum unterbrochen: Das anliegende Schlachtfeld war der Deutschunterricht der zweiten Gruppe. Die Klassenräume waren durch eine Tür verbunden, aber es gab nur in einem Raum einen direkten Ausgang zum Flur. Die Pechvögel der anderen Gruppe bekamen als Rettungshilfe den vorderen Unterrichtsraum mit der Ausgangstür, so wurde ihnen zumindest der Fluchtweg gesichert. Wenn wir früher mit dem Unterricht fertig waren und eigentlich schon gehen hätten können, trauten wir uns nie, die Klasse zu verlassen, da wir sonst durch Feuer und Stein gehen hätten müssen. Hätte man bei uns in der Schule einen Film über die Kriegszeit gedreht, dann wäre die andere Deutschlehrerin die perfekte Besetzung gewesen. Aber bei ihr hätte ich nie erfahren, dass ein *r* im Deutschen eher romantisch, schon fast französisch klingt und nicht wie eine halb verrostete Kettensäge. Selbst deutsche Märchen wären für mich ein Horror gewesen und der Advent hätte nichts anderes bedeutet als vier Wochen irgendeiner Warterei im Dunklen mit je einer angezündeten Kerze pro Woche. In dieser Gruppe hätte ich nie erfahren, dass man auf Deutsch nicht nur schreien und jemandem Angst einjagen, sondern sich auch unterhalten und amüsieren kann, Witze erzählen, jemandem gratulieren, interessante Bücher lesen und sogar singen.

Ursprünglich wollte ich etwas anderes studieren, Deutsch war eigentlich nur ein Pflichtfach wie jedes andere und ich hätte damals nicht gedacht, dass ich es für mein weiteres Leben brauchen könnte. Ich wollte einfach mit der Lehrerin so reden, wie sie es konnte: so geschickt, so sanft, so fließend, so leicht und ungezwungen. Mit ihr war alles möglich. Jedes schwierige Thema, jedes unbekannte Wort – alles konnten wir schaffen. Natürlich bekamen nicht alle in meiner

Gruppe immer gute Noten, aber jeder bemühte sich. Die größte Enttäuschung jedoch waren nicht die schlechten Noten, sondern das traurige Gesicht von Nadezhda Wiktorowna. Wir waren ihr wichtig und sie schenkte uns Hoffnung, nicht umsonst hieß sie Nadezhda, „die Hoffnung". Eine chinesische Weisheit besagt: „Die Lehrer öffnen euch die Türe, weiter geht ihr selbst." Ich hatte Glück: Mir wurde nicht nur die Tür geöffnet, sondern vieles für den Weg mitgegeben, das ich später mit anderen teilen konnte.

Weder Grippe noch gewaltige Schneefälle konnten uns vom Deutschunterricht abhalten – vom Physikunterricht schon. Den hatten wir oft in der ersten Stunde, die traditionell mit einer Kontrollarbeit begann. Diese Tests waren meistens schon im Vorhinein bekannt – genauso wie die akuten Ohren- und Kopfschmerzen, Grippewellen oder etliche Arztbesuche meiner Klassenkameraden. Heute nennt man das Psychosomatik, damals bezeichnete man das als „Ich-habe-keinen-Bock". Damit dieses Wechselspiel zwischen seelischen und körperlichen Vorgängen in der Schule durchging, brauchte man aber ein Attest. Das größte Glück hatten diejenigen, die Ärzte oder Krankenschwestern im Familien- oder Bekanntenkreis hatten. Sie durften zum Beispiel öfters zur Blutabnahme – ausgerechnet dann, wenn ein Test stattfand.

Die Arztbestätigung galt auch bis zur letzten Stunde, in der wir meistens Sport hatten. Unser Sportlehrer Oleg Wassiljewitsch war sehr groß, ich denke circa zwei Meter, noch größer war aber sein Herz: Ich kam wie üblich mit einem Attest zum Unterricht und durfte gemeinsam mit meinen Freundinnen in geselliger Runde auf der Stammgastbank für diejenigen Platz nehmen, die der Lehrer immer die „Ich-kann-heute-nicht-Bank" nannte. Von allen Geräten in der Sporthalle war diese Sitzbank mein Lieblingsgerät. Jedes Mal, wenn ich dem Lehrer meine Entschuldigung reichte, schaute er mich nachdenklich an und fragte seufzend, wie ich es nur schaffte, so viel Blut zu spenden, und wie ich mich überhaupt noch auf den Beinen halten konnte. Entweder saßen wir brav auf der Bank oder wir halfen eifrig beim Aufräumen der Turnmatten – als Dankeschön für die Gnade, beim Bockspringen und Seilklettern nicht mitmachen zu müssen. Als wir mit dem Langlaufen begannen, wurden meine Langlaufschi gleich am ersten Tag gestohlen und so endete meine Karriere als Langläuferin abrupt. Beim ersten Ballspiel bekam ich den Ball mit voller Wucht ans Ohr und dann auf die Nase – und so starb auch diese letzte Hoffnung auf jeglichen sportlichen Erfolg. Oleg Wassiljewitsch motivierte uns, so gut er konnte, aber irgendwann warf sogar er das hehre Ziel über Bord.

Es war nicht so, dass ich eine sportliche Null war: Außerhalb der Schule spielte ich Tennis, schwamm fanatisch im Schwimmverein, joggte begeistert in den Ferien durch Wälder und Wiesen. – Nur im Sportunterricht gefiel mir das Sitzen auf der Bank und das Zusammenrollen der Turnmatten einfach besser. Jahre später, als ich schon in den Bergen lebte, wartete ich ungeduldig auf den Winter und bahnte mir selbst den

Weg durch die Schneeberge zu den Loipen, erforschte die umliegenden Wandergebiete und versuchte mich am Schilift durch die Touristenmenge zu drängen. Dabei dachte ich mir immer, was mein Sportlehrer wohl dazu sagen würde, wenn er das sehen könnte.

Bei unserem letzten Treffen fragte ich ihn, ob er sich mich jemals bei einer sportlichen Tätigkeit vorstellen könnte, außer natürlich unter den Zuschauern oder in einem Krankenwagen. Er wunderte sich nicht und antwortete wie immer lächelnd, dass es wichtig sei, dabei zu sein – auch auf der Bank –, ohne sich gezwungen zu fühlen, mitmachen zu müssen, und dass ich ja immer dabei war. Oleg Wassiljewitsch kam mir bei diesem Treffen körperlich zwar gar nicht mehr so überragend vor, dafür aber menschlich.

Auf Stöckelschuhen noch größer schien uns unsere Russisch- und Literaturlehrerin zu sein, eine empathische, stolze, talentierte und sehr temperamentvolle Frau. Unsere Bekannt- und Freundschaft begann in dem Moment, als sie nach ihrem imposanten Einmarsch in die Klasse die Tür so kräftig hinter sich zuknallte, dass eine Bronzestatue von Alexander Puschkin vom Regal auf den Boden fiel und dort gewaltig krachend zerbarst, so temperamentvoll war sie. Tatjana Wassiljewna erkannte früh, dass meine Gedanken immer schneller als die Füllfeder waren und in fast jedem Wort ein Buchstabe fehlte. Für jeden Aufsatz bekamen wir nicht nur eine Note, sondern auch einen persönlichen Brief: Darin äußerte sie ihre Meinung, stellte Fragen und wenn sie mit etwas nicht einverstanden war, führte sie ihre Argumente an. Sie unterstrich keine Fehler, dafür markierte sie die Ideen, die ihr gefallen hatten oder die sie interessant und außergewöhnlich fand, auch wenn sie ihrem Standpunkt widersprachen. Ich bekam oft viele markierte Seiten zurück – und zusätzlich noch eine ganze Seite mit ihren Empfehlungen die Rechtschreibung betreffend. Wir waren fast fünfundzwanzig Schüler und Schülerinnen in unserer Klasse und trotzdem fand sie immer Zeit für uns: Jeder und jede bekam eine persönliche Nachricht.

Einmal stand bei mir nur „sehr gut" ohne Kommentare am Ende des Aufsatzes. Außer ein paar kleinen Fehlern gab es nichts, das markiert war. Total verwirrt ging ich in der Pause zu Tatjana Wassiljewna und fragte sie, warum sie die Fehler markiert hatte und was sie so besonders schön an ihnen fand. Verärgert schaute sie weg und zischte nur, dass sie sie deshalb so schön fand, weil sie das Einzige waren, das ich selbst geschrieben hatte. Das war das erste und das letzte Mal, dass ich meine Arbeit aus einem Buch abgeschrieben habe.

In dieser Arbeit ging es um ein Werk von Alexander Puschkin, den man als die Sonne der russischen Poesie bezeichnet, ungefähr so wie der große Goethe. Vor dem Krieg gegen Napoleon 1812 herrschte in Russland die französische Kultur und die russische Oberschicht sprach Französisch. Nach dem Brand Moskaus war die französische Sprache nicht mehr willkommen und Puschkin wurde sozusagen zum Begründer der

russischen Umgangssprache, mit der er einen erzäh-
lerischen Stil, eine Mischung aus Drama, Satire und
Romantik schuf. „Dubrowski", „Eugen Onegin", „Der
Mohr Peters des Großen", „Ruslan und Ljudmila",
„Graf Nulin", „Boris Godunow" und viele andere Romane, Gedichte, Märchen und Dramen schuf er. Ich
war die Einzige in der Klasse, die nicht von ihm begeistert war. Ich las seine Werke ungern, war mit keiner
von seinen Hauptfiguren einverstanden und schwamm
also bei jeder Diskussion gegen die Strömung. Die
ganze Schreiberei der Arbeit über Puschkin war für
mich also dermaßen qualvoll, dass ich beschloss, einfach nichts zu sagen, mich rauszuhalten und so zu tun,
als wäre auch ich stark beeindruckt gewesen – und
schrieb den Aufsatz einfach ab.

In jenem Jahr feierte das literarische Russland Alexander Puschkins zweihundertsten Geburtstag und
die Feierlichkeiten im Fernseher und Radio machten
mich wahnsinnig. Überall waren Plakate mit seinem
Porträt zu sehen, ob passend oder nicht. Aus diesem
Anlass veranstaltete das Bundesministerium für Bildung eine Reihe von Wettbewerben für Schüler und
Studenten. Jedes Jahr nahm ich an verschiedenen
Schülerolympiaden teil, vor allem in Deutsch und Li-
teratur. Mir machten die Olympiaden Spaß, weil sie
erstens an den Unterrichtstagen stattfanden, das be-
deutete für mich, dass ich „entschuldigt" fehlen durfte, zweitens liefen die Vorbereitungen auch teilweise
während des Unterrichts oder wir wurden von einem
Unterricht nach Wahl befreit – und natürlich gab es nie

einen besseren Zeitpunkt für die Vorbereitung als eine Physik- oder Chemiestunde. Während die anderen im Labor schwitzten, durften wir aufstehen, unsere Sachen packen und die Klasse verlassen, weil wir etwas Wichtigeres vorhatten und uns auf eine große Mission vorbereiten mussten. Das gefiel weder der Physik- noch der Chemielehrerin, sie durften sich aber nicht weigern, uns gehen zu lassen, schließlich ging es um Ruf und Stolz des Gymnasiums. Beim jährlichen Abschlusskonzert der Schule wurden die Olympioniken geehrt und als „Sterne des Gymnasiums" gelobt. Und diesen angehenden Sternen des Gymnasiums durfte wohl keiner im Wege stehen, darum genossen wir die Zeit vor jeder Olympiade.

In jenem Puschkin-Jahr drehte sich natürlich alles um seine Persönlichkeit und meine liebe Literaturlehrerin hatte mich zum Puschkin-Wettbewerb angemeldet. Ich konnte es einfach nicht glauben, war wütend und enttäuscht, weil sie genau wusste, dass daraus nichts werden konnte, dass ich kein Puschkin-Fan war. Dort musste man sicherlich lobhudeln, pathetisch vorlesen, einen Aufsatz zu einem seiner Werke schreiben und in jedem Satz die Liebe zur Sonne der russischen Poesie erklären und ewige Lesertreue schwören. Der Mathetest, der ausgerechnet am Tag der Olympiade stattfand, überzeugte mich aber schließlich von der Wichtigkeit des Genies Puschkin für die gesamte menschliche Zivilisation und ich ging hin.

Eine der Aufgaben war ein Aufsatz in Form einer Diskussion mit sich selbst über die Hauptgedanken in den Werken Puschkins. Die Aufgabenstellung alleine versetzte mich in einen leichten Schock, weil ich weder die Schule noch die Lehrerin blamieren wollte, aber ganz genau wusste, dass diese „Diskussion" aus maximal vier Sätzen bestehen und ein böses Ende haben würde. Während die „Puschkin-Liebhaber" schon längst eifrig Romane auf ihre Blätter kritzelten, schaute ich nur herum und suchte nach Inspiration. Die kam aber weder von links noch von rechts. „Warum muss ich eigentlich mit mir selbst diskutieren? Was soll das?", dachte ich mir. „Ich führe keine Selbstgespräche, so krank bin ich nicht." Empört nahm ich ein Stück Papier und fing an: „Werter Herr Puschkin ..." – Am Ende des Briefes an ihn, in dem ich meine Meinung zu seinen Werken, Hauptfiguren und Themen äußerte und viele Fragen an Puschkin stellte, schrieb ich: „Ihre Leserin (nur gezwungenermaßen), trotzdem liebe Grüße."

Nach der Olympiade sagte ich zu meiner Lehrerin, dass sie mit keinem Preis rechnen sollte. Ich fühlte mich sehr erleichtert, als sie nichts darauf antwortete und nur verständnisvoll lächelte. Ich hatte es hinter mir und wollte alles so schnell wie möglich vergessen.

Wochen später öffnete sich mitten im Russischunterricht die Tür und unsere Direktorin betrat fröhlich den Raum. Sie hielt ein Kuvert, das wie ein Schmetterling in ihrer Hand hin und her flatterte. Tatjana Wassiljewna öffnete es neugierig und las den Brief, ohne ein Wort zu sagen. Allem Anschein nach war sie etwas aufgeregt und las ihn ein zweites Mal, dann schaute sie uns alle an, schließlich mich und rief jubelnd: „Gratuliere!" Sie rannte zu mir, drückte mich fest an sich, ließ den Brief fallen, drehte sich hektisch um, suchte den Brief unter dem Tisch, hob ihn auf und er rutschte ihr wieder aus der Hand. Bis zur letzten Stunde konnte ich es einfach nicht glauben: „Ich habe ihn aber nicht bewundert, ich war eher kritisch, das passt doch irgendwie nicht zum Anlass, ich habe geschrieben, was ich denke!", konnte ich mich nicht beruhigen. „Das passt immer, gerade das, was du denkst, der Anlass findet sich von selbst", sagte sie leise und flüsterte mir dann ins Ohr: „Übrigens, ich habe ihn selber nie gemocht und erst mit fünfunddreißig verstanden, und du hast es jetzt schon geschafft."

Wir fechten innere Konflikte mit uns aus, wenn wir Entscheidungen treffen müssen. In diesen Momenten lernen wir uns selbst besser kennen, weil wir eigenständig denken und die Verantwortung übernehmen müssen. In Konfliktsituationen lernt man, sein eigenes Potenzial einzuschätzen und annähernd zu verstehen, wozu man fähig oder noch nicht fähig ist. Bewegt uns ein Thema, brennt unsere Seele für etwas oder will sie etwas nicht akzeptieren, formulieren wir unsere Gedanken und erweitern wir unser Vokabular. Solange alles ruhig und ordentlich ist, kommen wir vielleicht auch damit durch, abzulesen oder abzuschreiben. Aber die Wörter, die in emotionalen Momenten gelernt und verwendet werden, prägen unsere innere Welt. Unsere Lehrerin Tatjana Wassiljewna wollte, dass wir unseren individuellen Weg finden, so wie der Lehrer in „Der

Club der toten Dichter". Dazu braucht es eben einen inneren Konflikt, Perspektivenwechsel und Achtsamkeit.

Im Handwerksunterricht hingegen gab es keine inneren Konflikte, nur direkte und offene – vor allem mit den Nähmaschinen. Man musste die Anweisungen der Lehrerin aufnehmen, sie möglichst schnell verarbeiten und die Aufgaben erfüllen. Die antiken Nähmaschinen im Übungsraum verlangten nach Präzision und Sorgfältigkeit, ihre Bedienung kam dem Ausdauertraining eines Spezialagenten gleich: Langsam, konzentriert, mit angehaltener Luft musste man den Garnrollenstift behandeln, die Nähnadel wechseln, die Stichplatte mit dem Finger festdrücken und den zarten Spuler ja nicht beschädigen. Jede falsche Bewegung kostete uns eine gute Bewertung und die Lehrerin ihre Nerven. Als Vorbild für uns alle galten vier fleißige Mitschülerinnen, die nähen, stricken und sticken konnten. Sie waren handwerklich sehr geschickt, arbeiteten immer ruhig, redeten sehr leise, stellten keine Fragen, während unsere Lehrerin ihr Mohnbrötchen oder den Zopf mit Marmelade genießen konnte. Sie ging davon aus, dass jedes Mädchen mit einem Strick-Set zur Welt kam und statt Muttermilch ein Kochbuch in die Hand gedrückt bekam. Diese Schülerinnen entsprachen völlig ihrer Vorstellung und machten sich gleich im ersten Unterricht beliebt.

Dann gab es da noch meine Freundinnen und mich: Hin und wieder zerstörten wir die Näh- und Strickidylle in der Mädchenstube, indem uns etwas aus der

Hand rutschte und krachend zu Boden fiel und uns zum Lachen brachte. Das Tor zur Hölle wurde geöffnet, wenn beim Nähen der Oberfaden in der Maschine steckenblieb, wir ihn kräftig rausziehen mussten und ihn dabei zerrissen – und unsere unvollendeten Meisterwerke gleich dazu. Dann erhob sich die Lehrerin angespannt und es blitzte und donnerte in der Klasse.

Meine Erfolge im Nähen waren eher bescheiden, sticken konnte ich aber gut und freute mich, dass wir uns die Motive selbst aussuchen durften. Um meiner Mama ein Geschenk zum Frauentag zu machen und bei der Lehrerin zu punkten, stickte ich einen schönen Tischläufer mit Frühlingsmotiven. Alles war schon fast fertig und ich war sehr stolz auf mich – fehlten nur noch ein paar Blumen und eine Schleife. Entspannt saß ich im Unterrichtsraum, zurückgelehnt und mit übereinandergeschlagenen Beinen, und quatschte mit meinen Schulfreundinnen. Der Stickrahmen lag gemütlich auf meinem Knie und ich konnte mein Werk zufrieden bewundern. Ich stellte mir schon die große Verwunderung auf dem Gesicht der Lehrerin und die Freude meiner Mutter vor. Als ich den Tischläufer aber abgeben und mir meine wohlverdiente gute Note abholen wollte, bemerkte ich, dass er sich nicht von meinen Jeans lösen ließ. Noch einmal versuchte ich es, aber die Stickerei schien mit meiner Hose verschmolzen zu sein. Ich spürte den kalten Schweiß im Rücken: Ich hatte den Tischläufer an den Jeans festgenäht! Noch dazu genau auf der Seite, an der sich die wunderschöne Stickerei befand.

Mit dem an den Jeans hängenden Stickrahmen und dem Tischläufer, den ich wie eine Brautschleife hinter mir nachzog, ging ich zur Lehrerin. Ich wusste nicht, dass sie hinter dem Bücherschrank gerade ihre Kaffeepause machte, und ahnte nicht, dass sie mir ausgerechnet in dem Moment, in dem ich ihr mein Missgeschick entschuldigend präsentieren wollte, mit dem heißen Kaffee entgegenkommen würde. In diesem Moment lief alles schief, was nur schieflaufen konnte: Auf dem Boden musste etwas ausgelaufen sein, er war rutschig, und die Lehrerin übersah auch noch die Brautschleife. Die Kaffeetasse flog in die Luft, die Scherben – und die Lehrerin – landeten auf dem Linoleum.

Die Stickerei machte meine Mama noch vor dem Frauentag fertig, um mir wieder Mut zu machen und die Lehrerin erneut zu stabilisieren.

Die Kreativität, die ich im Handwerksunterricht nicht wirklich ausleben konnte, sprudelte im Schultheater aus mir heraus. Dort spielten wir Schüler im Alter von zwölf bis siebzehn Jahren und unsere Lehrer waren für Ausstattung, Beleuchtung und Reparaturen zuständig. Nach dem Unterricht übten wir oft bis zum späten Nachmittag Dialoge und Szenen, trainierten die Aussprache und lernten unsere Rollen. Um mich herum waren diejenigen, die unseren Wesenskern stärkten, die uns belohnten und herausforderten, die unsere Träume unterstützten und uns zum Handeln bewegten, die mit viel Begeisterung und Liebe eine ganz außergewöhnliche Welt für uns Schüler schufen, auch außerhalb ihrer Arbeitszeiten, weil Liebe sich nie an

Öffnungs- und Dienstzeiten hält. In dieser Welt hatte jeder von uns einen besonderen Platz, weil Diversität bei uns großgeschrieben wurde, ohne das Wort jemals zu verwenden. Die Lehrer interessierten sich für uns und bereiteten uns auf einen langen und spannenden Lebensmarathon mit vielen Herausforderungen, Überraschungen, scharfen Kurven und schönen Aussichten, traumhaften Momenten und atemberaubenden Landschaften vor.

Wärme und Liebe spürten wir auch jeden Morgen, wenn die Lehrer im Morgendienst uns mit unserem Namen begrüßten und uns einen schönen Tag wünschten. Sie kannten uns alle von der ersten Klasse Volksschule an und waren bis zur elften Klasse Oberstufe an unserer Seite. Diese Begrüßung am Morgen war unser Ritual, das uns ein Gefühl der Geborgenheit und Zusammengehörigkeit gab und mich über Jahre begleitete. Genauso wie meine Oma: Da es zwischen meinem Stadtviertel und dem Gymnasium keine Busverbindung gab, brachte sie mich zur Schule und holte meine Freundinnen und mich nach dem Unterricht wieder ab – zu Fuß: Täglich marschierten wir auf einer schmalen Straße durch eine abgelegene Ortschaft mit kleinen Einfamilienhäusern und Gärten. Dieser Weg war im Frühjahr und Herbst sehr romantisch, wurde im Winter aber zum Parcours, weil er nie vom Schnee geräumt wurde. Das eigene Gleichgewicht und die Qualität der Winterstiefel wurden von Dezember bis Ende März Tag für Tag auf die harte Tour getestet. „Die Kunst der Fortbewegung" lernten wir also schon von klein auf. Dabei hatte ich in meiner Hand immer die zarte Hand meiner Oma, die mich jahrelang festhielt und dafür sorgte, dass ich sicher durchs Leben kam. Ich glaube, sie verabschiedete sich später im Leben erst dann von mir, als sie sich sicher war, dass ich selbst rutschfest genug auf dem Boden stehe, um die Hand meines Kindes in meiner Hand festhalten zu können.

Wenn ich *Spasibo!* sage, ist das eigentlich nicht genug, aber leider kenne ich kein anderes Wort, mit dem ich die tiefe Dankbarkeit gegenüber meinen Lehrern, meinen Eltern und vor allem meiner Oma Vera ausdrücken könnte. Die Liebe ist das Glück, das man auch im Erwachsenenalter spürt, wenn man es als Kind geschenkt bekommen hat.

Als ich meine Oma einmal im Dezember besuchen wollte, musste ich sie anrufen und ihr mitteilen, dass ich mich verspätete, weil mich der Bus im Stich gelassen hatte und ich – genau wie damals in meiner Schulzeit – zu Fuß durch den Schnee stapfen musste. „Ich werde immer auf dich warten!", sagte sie am Telefon. Als sie im folgenden Jänner starb, hinterließ sie mir ihre ganze Liebe und einen starken Glauben, nicht umsonst hieß sie Vera, auf Deutsch „Glaube". Genauso wie die Dankbarkeit kann auch die wahre Liebe nicht wirklich in Worte gefasst werden, man kann sie aber weitergeben und mit denjenigen teilen, die sie brauchen, um den Lebens- oder Deutschmarathon zu schaffen.

## Von ganzem Herzen. Oder: Mehr als Dankaschia

*Hallo, du wunderbarer Mensch!* – So begrüßt Susanne, die ehemalige Leiterin meines Trainer-Lehrgangs, die Besucher ihrer Homepage. Diesen Einstieg finde ich so schön, weil diese positiven Worte direkt an unser inneres Ich gerichtet sind. Meine Teilnahme am Lehrgang war damals ein Muss, „von oben" vorgeschrieben und „von unten" nachgeschoben, würde ich sagen. Den Punkt musste ich der Vollständigkeit halber abhaken und ging mit einem lachenden und einem weinenden Auge hin. Den Lehrgang selbst absolvierte ich aber mit strahlenden Augen und einem Herzen voller Freiheit und Dankbarkeit an Susanne und Anjutta, weil sie mir gezeigt haben, wie man etwas anders machen kann, um dorthin zu kommen, wo man noch nie war, aber immer schon hinwollte – und zwar zu sich selbst. Schon als Kind liebte ich den Spruch von Gandhi, dass wir selbst die Veränderung sein sollen, die wir uns für die Welt wünschen. Es liegt etwas Großartiges und Heldenhaftes in diesen Worten, aber leider ohne jegliche Anleitung und ohne ausführliche Beschreibung, wie man so was erreichen kann. Vielleicht benötigt man dafür einen Szenenwechsel oder eine drastische Änderung im Leben, die man sich aber auch erst mal trauen muss.

Ich danke der Natur im Außerfern, die mich – eine überzeugte Urbanistin und leidenschaftliche Allesplanerin – aufgenommen und getestet hat, und den Bergen, mit ihren kahlen Spitzen und steilen Gefällen, die mir neue Horizonte geöffnet haben, den Seen mit kristallklarem und eiskaltem Wasser, den Klammen mit ihren berauschenden Wasserfällen und den Schluchten mit ihren steinigen und rutschigen Wegen, den flauschigen Wiesen und kleinen friedlichen Kapellen, den Pisten, auf denen ich entweder meine Nerven oder Handschuhe verloren und zum Schluss meine Höhenangst überwunden habe, jeder Loipe mit Motivationstafeln wie *Nur noch 14 km*, wenn du schon aus der Puste bist und dich fühlst, als hättest du einen neuen Weltrekord aufgestellt, dich aber erst am Start befindest. Danke für ein zweites Zuhause voller Abenteuer!

Danke jedem einzelnen Teilnehmer und jeder einzelnen Teilnehmerin aus der Türkei, dem Iran und dem Irak, aus Afghanistan und Syrien, aus Nigeria und Mexiko, aus Frankreich und Polen, aus Italien und Ungarn, aus China und Bulgarien, aus Russland und Tschetschenien, aus Georgien und Kroatien, aus Lettland und Brasilien. Ihr habt mich herausgefordert, mir Kopfschmerzen und Sorgen bereitet, aber noch mehr habt ihr mir Freude und Begeisterung geschenkt. Ihr habt meine Grenzen verschoben und dank euch ist meine Welt größer geworden! Ihr habt an mich geglaubt, wenn ich selbst nicht mehr an mich glauben konnte, und mich aufgebaut, wenn ich mein Guthaben an Motivation schon verbraucht hatte. Ihr habt mich auf eurem Weg vom Nominativ zum Konjunktiv unterstützt und ermutigt. Ihr seid nach jeder Kurseinheit so erleichtert gegangen, so froh, dass ihr es endlich hinter euch gehabt habt, seid aber immer wieder in die nächste Stunde gekommen – danke für euer Vertrauen! Ihr seid selbst die besten Trainer, die keine Akademie je ausbilden könnte.

Es gibt auch Menschen, ohne die eine Begegnung mit so vielen verschiedenen Kulturen für mich wahrscheinlich nie möglich gewesen wäre, die mir vorurteilsfrei diese Chance für den Start und viel Spielraum für meine Ideen geschenkt haben: meine engagierten Kollegen Klara, Wolfgang, Susanne und Wolfgang. Die positiven Kurs-Vibrations erreichten auch das kreative und wissbegierige Team der Redaktion der Rundschau Reutte, insbesondere die Redakteurin Sabine, die mich mit ihrer Energie und Offenheit begeisterte und die Öffentlichkeit über unsere Lernaktionen informierte, noch lange bevor sie alle mit russischem *Salat Olivier* belohnt wurden. Die nächsten Inspirationen holen wir uns aus dem *Hering unterm Mantel*, das verspreche ich euch!

Danke dir, Sieglinde B., für dein eindeutiges Ja zu meiner Buchidee.

Danke an Nina, an Markus und an das liebe Haymon-Team: für euer Vertrauen und das Gefühl, Teil eines größeren Ganzen zu sein.

Denjenigen, die dabei waren, wenn alles aus den Fugen zu geraten schien, und mit mir die schönsten und glücklichsten Momente erlebten, bin ich dankbar: meinen multikulturellen Herzensfreundinnen, denn sie waren immer für mich da, ob von Angesicht zu Angesicht oder digital. Danke für das stundenlange Zuhören, Mitlachen, das Reden, für den ganzen Gefühlscocktail. Und Ive für ihr Beispiel, dass selbst aus den verrücktesten Ideen etwas Vernünftiges werden kann.

Danke dir, Joe, für dein einfaches und trotzdem aussagekräftiges „Mach's!". Danke, Elisabeth, für dein zartes Lächeln, deine unerschöpfliche Fantasie und deine Umarmungen – jeden Tag bei jeder Witterung. Danke euch, Mama, Papa und Oma Vera, für eure grenzenlose Liebe und Wärme, die beste Ausrüstung für einen lebenslangen Marathon.

# Inhalt